『論語の学校』入門編

―やさしく読み解く論語の授業―

江藤茂博（編）／牧角悦子／中根公雄
久米晋平／町泉寿郎／高山節也
鷲田小彌太

研文社

はじめに

二千年以上にわたって読み継がれた言葉、それが『論語』である。言葉であったため、研磨され鋭くなり、また、断片的であったため、柔軟に読み継がれた。こうして『論語』は心に響く身近な言葉として、多くの人々に受け止められ、生きていくうえでの拠り所となった。本書は、『論語』のそうした言葉を、今を生きる人々の心に直結させたいという思いから生まれた。

本書の構成としては、最初に『論語』いう書物の入門的紹介を配置し、次に若者の実生活の具体的な場面から「孝」という思想の意味を問うた。こうした身近な話から、さらに視座を広げ、歴史的に孔子の人物像を探り、東アジア漢字文化圏から『論語』の訓読について考察した。こうして外堀を埋めた後、孔子の思想「仁」に迫り、孔子が求めたものを検証するという、いわば直球を投げてみた。ここまでで、すでに『論語』の面白さは十分に伝わることだろう。最後に西洋哲学史の文脈を重ねてみることで、孔子と『論語』の思想的意味を問うた。人類の知としての『論語』世界への招待である。

二松學舍大学は、一八七七年に漢学者三島中洲によって開かれた漢学塾に始まった。以来、百四十年近い時を経た今日、漢学の再評価を掲げて「日本漢学」の世界的拠点を構築し、国内外にさまざまな漢学の講座を発信している。その一環として、東京都北区の成立学園で『論語』講義を行った。成立学園は旧制二松學舍出身の福田英爾氏が一九二五年に創立した学園であり、漢学教育への理解も深い。ここでの講義を基に、『論語』の入門書として文章にし、さらに旧知の哲学者鷲田小彌太さんに、西洋哲学からの『論語』という講義を紙面でお願いした。

この企画と実務に参加いただいた中国文学科のスタッフに深く感謝したい。彼らの高い専門性と優れた知性で、わかりやすい『論語』入門を編纂することができたと思う。さらに鷲田小彌太さんの文章によって私の入門書のイメージは明確に輪郭を描くことができた。併せて感謝申し上げたい。

江藤茂博

孔子の誕生日とされる九月二十八日、杭州市西湖のほとりにて

（旧版の「はじめに」に一部表現に修正を加えた）

目次

孔子とアンパンマンの教え

●講座1 ―論語ガイダンス――江藤茂博
二松學舍大学文学部
国文学科教授・文学部長

1　現代アニメソングにも受け継がれる孔子の教え

あのとき、もう少し勇気があればなあ、と後悔したことがありますか？

正しいことは何なのかとわかっていながらも、なんだか怖かったからとか、どこか迷いがあったからとか、ちょっと恥ずかしいからとか、そんなことで躊躇《ちゅうちょ》してしまったこと、きっとありますよね。

『論語』には、孔子(1)のこんな言葉があります。

知者は惑わず、仁者は憂えず、勇者は懼《おそ》れず。

知者不惑、仁者不憂、勇者不懼。（子罕《しかん》篇）

知的な人は迷いがなく、人格者は思うようにならないと嘆くことがない、そして勇気をもつ人は何事も恐れない、というような意味です。

さらに勇気について、こんなふうにも言っています。

義を見て為《な》さざるは、勇無きなり。

見義不為、無勇也。（為政《いせい》篇）

正しいことならば、自らしっかりと行動を起こさなければならないのだと、私たちを戒めているのです。こんな言葉を次々と向けられてしまうと、自分のような者がはたして勇気をもつことなどできるのだろうかと、少し弱気になってしまいます。

もっとも私の場合は、夏目漱石の『坊っちゃん』の主人公のように、どちらかといえば無鉄砲なほうです。もちろん、その主人公のように損ばかりしているとまでは言いませんが。

そんな後先《あとさき》考えずに無茶なことをやってしまう無鉄砲と、孔子の言う「勇ある人」とは実は異なります。孔子は別のところで、「遠慮近憂《えんりょきんゆう》」の教えを説いています。

子曰《しい》わく、人にして遠き慮《おもんぱかり》無ければ、必ず近き憂《うれい》あり。

子曰、人無遠慮、必有近憂。（衛霊公篇）

先のことをよく考えて行動しなさいと、無鉄砲な態度を戒めているのです。

さて、『論語』を読むと、勇気をもつことの大切さと同時に、もつことの難しさも繰り返されています。でも、勇気をもつことが大切だという教えは、孔子だけが説いているのではありません。古代ギリシアのプラトン(2)など西洋の哲人たちも考察を深めているのは、よく知られているところです。

そして、何を隠そう、私たちが慣れ親しんだマンガやアニメのさまざまなヒーローたちも、身をもってそのことを示しています。特にこの種のヒーローたちは、勇気の大切さを教え広めることを、あたかも孔子に託されていたかのような気さえします。なぜなら、たとえば「アンパンマンのマーチ」（作詞・やなせたかし）に「愛と勇気だけがともだちさ」とあるように、彼らはいつも愛や勇気とは何なのかを私たちに教えてくれてきたからです。

2　「道」を追究する孔子と、夢をまもるアンパンマン

では、人気アニメーション「アンパンマン」のテーマソング「アンパンマンのマーチ」を手掛かりに、これから『論語』の世界に向かって少し歩き出すことにしましょう。このテーマソングにはこんな歌詞があります。

「♪なんのために生まれて　なにをして生きるのか　こたえられないなんてそんなのはいやだ！」

そしておなじメロディを使って、さらにこんなふうに続けます。

「♪なにが君の　しあわせ　なにをして　よろこぶ　わからないまま　おわる　そんなのは　いやだ！」

この歌詞は、人が無自覚（わからないまま）に「生きる」ことを戒めているだけではありません。「なにをして生きるのか」というように、「生きる」ことそれ自体の意味を問いかけているように思います。

こうした生に対する根本的な問いかけは、孔子の学問や人生に対する姿勢と通じるものがあります。『論語』では、こんな孔子の言葉が伝えられています。

子曰わく、朝《あした》に道を聞かば、夕べに死すとも可なり。

子曰、朝聞道、夕死可矣。（里仁篇）

ここでいう孔子の「道」とは、「生きる道」というとらえ方もあるし、「理想社会」とする解釈(3)もあるのですが、いずれにしても、「アンパンマンのマーチ」にある、「なんのために生まれて　なにをして生きるのか　こたえられないなんて　そんなのはいやだ！」と同じ問題意識が透けて見えてきます。

無自覚な生への戒めは、「道」の自覚あるいは実現を望み、さらに言うならば、「道」に達することで、自分の生は充実し、「夕べに死すとも可」と断じることができるとまで言い切るのです。

もちろん、人の生きる道や学問を追求する孔子にとって、「なんのために生まれて　なにをして生きるのか」ということを知ることすら、そう簡単なことではなかったでしょう。まして、学問や人生において、その「道」の極みに達することはけっして容易なことではありません。

そこでは、自問自答が繰り返されて、試行錯誤の積み重ねがあって、それでもなかなか「道」に達することはないのです。だからこそ、「朝に道を聞かば、夕べに死すとも可」なのです。そして達することが極めて困難だからこそ、「生きる道」や「理想社会」をめざすという姿勢が大切なのです。

それは、アンパンマンが「みんなの夢　まもるため」にいつも戦っているのと同じです。

「愛と勇気だけがともだち」のアンパンマンは、「みんなの夢　まもるため」に自分の孤独な「道」を歩み続けているのかもしれません。そして、それが彼の「生きるよろこび」なのかもしれません。

しかし、「みんなの夢」を「まも」りきることなど、なかなかできるものではありません。だからこそスーパーヒーローなのでしょうし、もしそれができれば、「夕べに死すとも可なり」ということになるのでしょう。

人の生きる道や学問を追究する孔子にとっては、「理想」を追い続けることが大切であり、アンパンマンにとっては、「みんなの夢」を「まも」り続けることが使命です。こうした『論語』と通じる世界は、生きることについての考え方として、私たちの身近な世界にもたくさん生きているのです。

では、話題を『論語』そのものに移すことにしましょう。

3　孔子の言行録として編纂された『論語』

『論語』は、孔子が直接に書いた著作ではありません。後世の人たちによる、孔子と弟子たちとが語り合った場面の再現記録、もっと簡単に言うと言行録です。編纂者《へんさん》としては、

「論語義疏《ぎそ》十巻」を編集した皇侃《おうがん》(4)による孫弟子説や、さらに唐の柳宗元《りゅうそうげん》(5)による弟子・曽《そう》子《し》(6)やその弟子たちだという説など、ほかにもいろいろな説があります。

魯《ろ》の昌平郷《しょうへいごう》に、武人の子に生まれた孔子は、十五歳で学問で自立することを決心し、やがて三十歳で古典や礼節を教える私塾を開きました。そうした自らの人生の軌跡も、孔子は言葉として残しています。

子曰わく、吾《われ》十有《ゆう》五にして学に志す。

子曰、吾十有五而志于学。

三十にして立つ。四十にして惑わず。

三十而立。四十而不惑。

五十にして天命を知る。六十にして耳順《したが》う。

五十而知天命。六十而耳順。

七十にして心の欲する所に従えども、矩《のり》を踰《こ》えず。

七十而従心所欲、不踰矩。（為政篇）

さらに諸国を転々とするのですが、彼の教えを受けた門下生たちの数も増えていきます。孔子が門下生たちに何を教えていたのかは、今日『論語』として伝わる書物からうかがうしかありません。あるいは『荘子』(7)天下篇にある記述から、孔子が編纂したとされる六経（易・書・詩・礼・楽・春秋）が使われたと考えることもできますが、はっきりと知ることはできません。

でも、孔子を中心とした学びの輪はやがて大きく広がっていき、まさに「天命を知る」に至ったのでしょう。

『論語』とは、そうした孔子の私塾での学びの中で繰り返された教えでもあり、また、それが師である孔子と弟子たちやそのほかの人物との対話や行動の記録なのです。しかも、それが生き生きとした場面の再現となっているのは、孔子の死後に記憶にある言葉や場面がまとめられ、徐々にエピソードとしてのまとまりや言行の物語性がついてきたからでしょう。

ただ、先の繰り返しになりますが、『論語』の編纂者については、よくわかっていません。どうやら前漢の時代には、三種類の論語（古論《ころん》・魯論《ろろん》・斉論《せいろん》）が伝わっていたようです。その後、後漢末の鄭玄《じょうげん》(8)が編纂注釈したとされる『論語』を原本として、三国時代初期の魏《ぎ》の何晏《かあん》(9)が『論語集解《しっかい》』を編纂します。以後、この『論語集解』に基づく底本が、テキストとして定着しました。また、さらに『論語』の注釈本も幾百も出版され続けています。

こうした長い年月に洗われた数々の文章だからこそ、師と弟子たちとの心の交流が、現代にも通じる、人の生き方として私たちに伝わるのでしょう。

4　二十篇で構成され、五百の言葉と断片を収録

あらためて言うと、『論語』は、おもに孔子が語った言葉を弟子たちが集めてまとめたもので、全体が二十篇の構成です。各篇には名前がついていますが、それぞれのまとまりの最初の文章の冒頭の文字から名付けたもので、特にそれに意味はありません。たとえば、最初の「学而《がくじ》」は、広く知られている次の言葉の冒頭にある「学而時習之」の最初の二文字によるものです。

子曰わく、学《まなび》て時に之を習う。亦《また》説《よろこ》ばしからずや。

子曰、学而時習之。不亦説乎。

朋《とも》有り、遠方より来たる。亦《また》楽しからずや。

有朋自遠方来。不亦楽乎。

人知らずして慍《いきどお》らず、亦《また》君子ならずや。

人不知而不慍。不亦君子乎。（学而篇）

それぞれの篇⑽には、文章がいくつか配置されていて、それらをどのように分類するのかについては、これといった定説があるわけではないのです。

また、各篇が意図的な順番構成がなされているわけでもありません。全体としては、その二十篇に約五百の言葉と場面の断片が収められてあるだけです。先に踏まえるべき個所や関連する知識などが必要でないために、『論語』は、どこから読んでもかまわないし、また一つひとつの言葉や場面の断片を読み、楽しむことができるのです。

5　孔子が理想とする「君子」とは？

冒頭で「アンパンマンのマーチ」の歌詞に重ねて、『論語』の世界を紹介しましたが、『論語』では、生きることの基本的な問いに対する孔子の考えが繰り返されています。歴史は繰り返すといいますが、もちろん同じではありません。人は移り変わり、出来事もそのありようもさまざまに変わります。しかし、人が共同社会を営みながら生きていく以上、他者との関係の中で人はどのように生きていくのかを考えないわけにはいきません。また、どのような共同社会を人々とつくり上げるべきなのかも絶えず問われてきました。

繰り返すと、『論語』とは、人が共同社会で生きるための術《すべ》となるものを、さらに人が生きるための基本的な問いの解となるものを、後世の人たちが孔子の言行からまとめあげたものなのです。そこでは、私たちが自家中毒に陥りやすいことが指摘され、君子として生きることを促しています。

たとえば、次のような言葉があります。

子曰わく、過《あやま》ちて改めざる、是《これ》を過ちと謂《い》う。

子曰、過而不改、是謂過矣。（衛霊公篇）

どんな世であっても、人は自分の過ちをそれと認めることに勇気が必要です。しかし、誰もが失敗を繰り返しながら、よりよきものを求めるものだろうし、そのためには、自分の過ちからこそ、次のステップをどうするのかを学ぶことができるのです。しかし、愚かな私たちはなかなか自分の非を認めようとはしません。先の言葉は、私たちが日々の生活の中で陥りやすい自家中毒を鋭く指摘しているのです。

では、孔子のいう君子とは、どのような人物でしょうか。『論語』に、孔子がこう言ったとあります。

君子に九思あり。

君子有九思。（季氏篇）

そして、そこには君子がとるべき態度が九つ、「明」「聡」「温」「恭」「忠」「敬」「問」

「難」「義」という言葉で示されていました。これらの漢字は、見るだけでもその意味する事柄がなんとなくわかるものもあるかもしれません。でも、もっと簡単な表現を探してみると、次のような一文があります。

子曰、君子不器。（為政篇）

子曰わく、君子は器ならず。

これは、君子はそのありようが柔軟なものだという意味です。この器とは、一つの用途をもった器《うつわ》のことです。「不器」とは一つの用途に限定されないこと、つまり対応の柔軟性をいいます。この柔軟さは、先に紹介した、過っていたならばすぐに改めるという姿勢にもつながります。

君子の意味については、一般的な『論語』の注釈書を開くと、「学識と志ある人」と解釈する学者[11]もいれば、「徳を身に具えた立派な人」と解釈する学者[12]もいます。また、「紳士」という表現に置き換える学者[13]もいました。

6 孔子が弟子たちに説いた「学問の姿勢」

では、知識豊かで弟子たちに慕われた孔子とはどのような人物だったのか。弟子たちによってさまざまな様子が書き残されています。たとえば、

子温而厲。威而不猛。恭而安。(述而篇)

子は温《おだや》かにして而《しか》も厲《はげ》し。威ありて而も猛《たけ》からず。恭《うやうや》しくして而も安し。

この言葉から、孔子がいかに人格者であったのかを知ることができるでしょう。彼の人となりを説明するために、あえて極端な人間のありようを例示しながら、孔子がいかにバランスの取れた人間であるかを表現しています。もちろん、他にも数多くの弟子たちによる孔子像が残されています。

孔子は、生まれついて能力が高いのだと自慢することもなく、自ら努力してきたことを述べます。孔子といえども、これまでに多くのことを求め、学んできた人間であるというのです。

子曰わく、我は生まれながらにして之を知る者に非《あら》ず。
子曰、我非生而知之者。
古《いにしえ》を好み敏にして以《もっ》て之を求むる者なり。
好古敏以求之者也。（述而篇）

過去の事象・事柄を好んで、鋭くそこから必要な知識を求めてきたというわけです。孔子の人柄や考えに魅《ひ》かれた弟子は、約三千人といわれています。弟子たちの中には、孔子の教えを純粋に学びたい者もいただろうし、弟子になることで出世の機会を得ようとする者もいたと思われます。

その弟子の中で、孔子が三十歳を過ぎた時期からの高弟がいました。後に「孔門十哲」と呼ばれる人たちです。『論語』では、次の一文のように、孔子が高弟たちそれぞれの才能を見抜き、評価していたことがわかります。

徳行には顔淵《がんえん》（14）・閔子騫《びんしけん》（15）・冉伯牛《ぜんはくぎゅう》（16）・仲弓《ちゅうきゅう》（17）、

徳行顔淵・閔子騫・冉伯牛・仲弓、

言語は宰我《さいが》（18）・子貢《しこう》（19）、

言語宰我・子貢、

政事には、冉有《ぜんゆう》（20）・季路《きろ》（21）、

政事冉有・季路、

文学には子游《しゆう》（22）・子夏《しか》（23）。

文学子游・子夏。（先進篇）

しかし、孔子は弟子たちが師である自分から必要な知識を学びとればそれでいい、と考えていたわけではありません。単なる勉強で身につけられるような知識は、あまり評価していないのです。もちろん、学ばないものは論外だとして、孔子は学問については、自分がそれを楽しめるものであることの大切さを指摘していました。

「好きこそ物の上手なれ」ということわざがあります。それが好きならば、努力もつらくならないし、すぐに上達するものだという意味ですが、もちろん勉強学問にもそれが当てはまることは想像できます。

しかし、孔子はそれ以上のことを言っています。

子曰わく、之を知る者は、之を好む者に如《し》かず。

子曰、知之者、不如好之者。

之を好む者は、之を楽しむ者に如かず。

好之者、不如楽之者。（雍也《ようや》篇）

この孔子の言葉は、学びの本質論ではないでしょうか。知っている者、つまり知識を学ぶ者は、それが好きな者に及ばない。それが好きな者は、それを楽しむ者に及ばないと言っていました。

こうした考えのもとで、学ぶだけでなく孔子を中心とした学問を楽しむ師弟共同体が形成されていたのでした。努力して学問に励むのは当然のことで、さらにそれを極めた孔子ならではの学問論が、ここに示されているのです。

7　儒教として体系化されていった『論語』の世界

孔子の言行はやがて儒教として体系化されていきます。しかし、孔子の死後、八派に分裂したと伝えられるほど、混乱と分派・対立が繰り返されたようです。また国家からの弾圧を受けた時代もあったようです。

紀元前後四百年にわたる漢王朝では、儒教が国家思想として貴ばれ、「五経」（易・書・詩・礼・春秋(24)）が聖典となり、同時に『論語』も必読書となります。さらに隋唐の時代になると、儒教の経典は官吏登用試験の科目になりました。

そして十世紀の宋代に入ると、新しい儒学（宋学）が生まれ、南宋の朱熹《しゅき》(25)が新しい儒教体系を大成します。朱熹は、『大学(26)』『論語』『孟子(27)』『中庸(28)』の四書を学の基本として、その注釈書『四書集註《ししょしっちゅう》』を著しました。この四書の中でも『論語集註』十巻は広く影響力をもつこととなります。

十五世紀の末に、明代の王陽明(29)は、宋代に朱熹と対立していた陸象山《りくしょうざん》(30)の心学を受け継ぎ、陽明学を確立しました。儒学はこれより、朱子学と陽明学に大きく分かれて対立することになります。この時期の朱子学と陽明学は、室町時代の日本にも伝わって大きな影響を与えます。しかし、その後の清代には、先の二派に対して、実証的な考証学の流れが儒学に生まれました。

8　『論語』の日本への伝播と広がり

『論語』の日本伝来は、応神天皇の一六年である二八五年に、百済《くだら》の王仁《わに》(31)が献上したという記録がありました。伝来後の奈良・平安時代には、後漢末期の鄭玄《じょうげん》(32)らによる注釈本や魏の何晏らによる『論語集解』がもたらされますが、それらを目にすることができたのは一部の貴族だけであり、広く一般に読まれることはなかったようです。

鎌倉時代に入ると、朱熹の『論語集註』が一二九九年に元からの渡来僧一山一寧《いっさんいちねい》(33)によって伝えられ、それ以後、宋学（朱子学）が日本にも広がりました。朱熹の重視した四書、すなわち『大学』『論語』『孟子』『中庸』の中でも、『論語』の注釈本である『論語集註』は、高く評価されて朱子学の基本書となったのです。

さらに、江戸時代には朱子学が幕府正統の学問となったために、藩校だけでなく、広く民間の漢学塾や寺子屋などでも『論語』が読まれて、朱子学が学ばれることになりました。しかし、京都で私塾「古義堂《こぎどう》」を開いた伊藤仁斎(34)は、『論語』の原義を重んじる古学の立場から朱子学を批判します。また、江戸の荻生徂徠《おぎゅうそらい》(35)は、復古学を重視する立場から朱子学を批判し、伊藤仁斎の考証をさらに過激に徹底させます。

『論語』の注釈としては、伊藤仁斎には『論語古義』十巻、荻生徂徠には『論語徴《ろんごちょう》』十巻の著作があります。そして江戸時代末期には、幕府の学問所「昌平黌《しょうへいこう》」の儒官・安井息軒《そっけん》(36)が『論語集説』六巻を著し、国内外に広く注目されました。

江戸時代になると、庶民教育の場である寺子屋で『論語』の教科書使用もあったからでしょう、孔子の名前は広く庶民の間に広まりました。

落語にまで、孔子は登場しました。それは、現在でも演じられる有名な「厩《うまや》火事」という演目です。内容は、こんな話です。

ともに髪結《ゆ》いを仕事とする夫婦がいたが、亭主は仕事を妻に任せきりにして、毎日遊んでばかり。妻が仲人をしてくれた人に愚痴ると、孔子と麹町《こうじまち》の旦那の話を聞かせてくれたのです。

高名な学者・孔子が、自分の大切な白馬を厩《うまや》の火事で失った。しかし、孔子は家人の過失の責を問いただすことなく、怪我人はなかったかと気遣った。ここが、『論語』からの引用です。おそらく当時多くの人たちに広く知られていた『論語』の一節でもあったのでしょう。

仲人は、続けて、江戸麹町のある屋敷の旦那の話をします。

瀬戸物に凝っていた旦那が、青磁の皿を抱えて階段を落ちた妻よりも、皿のほうを心配したために離縁された。そんな究極の場面でこそ、人が何を本当に大切に思っているのかがわかるのだと言うのです。

そこで妻は、夫が大切にしている骨董の皿を誤って割ったふりをしてみた。すると夫は妻がけがをしなかったかどうかと気遣います。妻は自分が大切にされているのだと一瞬喜びました。

しかし、夫はこう言うのです。「働き手のお前に怪我でもされると遊んで暮らせなくなる」と。実はここがオチとなるわけで、妻は自分が大事にされている本当の理由に困惑するという話です。

ちなみに、落語の出典となったのは、『論語』の次の一文です。

厩《うまや》焚けたり。子、朝《ちょう》より退《しりぞ》きて曰わく、人を傷《そこな》えるかと。馬を問わず。

厩焚。子退朝曰、傷人乎。不問馬。
（郷党《きょうとう》篇）

この文を、多少の補足も加えながら現代語訳をすると次のようになります。

孔子の家の馬小屋が火事で焼けてしまいました。先生は朝廷から戻って（そのことを聞くと）こうおっしゃいました。「人は大丈夫だったのかい」と。馬については、何も聞かれなかったのです。

孔子の人柄を示す話ですが、江戸時代には、『論語』が庶民の娯楽である落語の題材にもなっていた。つまり、漢学塾や寺子屋などを通して、孔子が広く人々に親しまれていたことを教えてくれます。

明治期に入ると、欧化主義政策の中でも、漢学塾での漢文教育が国家試験などとの受験勉強として求められました。しかし、漢文教育が中等教育で必修化される中で、やがて漢学塾の需要は減っていきます。

ただ、学校教育の中で、漢文教育の教材としての『論語』が国民共有の知識として広がっていくことになりました。これは、江戸時代の藩校や寺子屋での漢文教育の近代化とみることもできるでしょう。

それと軌を一にして、国家イデオロギーに与《くみ》する『論語』の思想や、近代的なビジネスマインドのエゴイズムを中和させる『論語』の思想が、方便としても受容され、展開していったことも見逃すわけにはいきません。

特に前者は、第二次世界大戦後の教育界で『論語』批判が漂う原因になりました。しかし、人間関係を重視する日本的な集団性の中で、『論語』の思想は生きていて、数々の『論語』本は現在も変わることなく数多く出版され続けているのです。

9　学びの基本姿勢を教えてくれる『論語』

さて、意外と身近なものでもある孔子の教えが、どのように歴史上に誕生し、それを後世の人たちがどのように大切にしてきたのか。また、孔子の教えをどのように受け継いできたのか。最初のレッスンとして、その概略だけを簡単に描いてみました。もちろん『論語』だけではなく、いろいろなことをこれから学ぶみなさんには、ぜひ心に留めてもらいたい孔子の言葉を、ここに書き添えておきます。

子曰わく、学びて思わざれば則ち罔《くら》し。思いて学ばざれば則ち殆《あやう》し。

子曰、学而不思則罔、思而不学則殆。（為政篇）

「子曰わく」（先生が言うには）のあとは、こんな意味になります。

勉強をしても、自分で考えるということをしなければ、本当のことはわからない。しかし、自分で考えるだけで、学ぶということをしなければ、危なっかしい。

自ら考え、謙虚に学ぶ心が、学問には必要なのだという、基本的な学びの姿勢を、私はこの言葉から教えられました。

また、そうした勉強、学問に取り組んだとしましょう。でも、どんな努力にも、そこには常に結果が生まれます。良い結果が得られることもあれば、そうでない場合もあるでしょう。さらに、よりよい結果が求められることもあるでしょう。『論語』には孔子の言葉として、次のような言葉があります。

子曰わく、君子は諸《これ》を己に求む。小人は諸を人に求む。

子曰、君子求諸己。小人求諸人。（衛霊公篇）

先生がおっしゃった。（その結果がよくても悪くても）君子はそれを自分の責任として受けとめる。小人は結果を人のせいにする。

もちろん、何でもかんでも自分で背負い込むのはどうかと思いますが、他人を責めても何の解決にもなりません。最初に紹介した「智ある者は惑わず、仁ある者は憂えず、勇ある者は懼《おそ》れず」という孔子の言葉をここで再び味わいながら、次の講座に歩んでください。

注

（1）孔子…BC五五二／五五一〜四七九。姓は孔、名は丘、字《あざな》は仲尼、孔子の「子」は敬称。古代中国・春秋時代の思想家、教育者。

（2）プラトン…BC四二七〜三四七。古代ギリシアの哲学者。師であるソクラテスを相手とする数多くの対話篇を著している。

（3）「理想社会」とする解釈…『論語入門』（井波律子　岩波書店　二〇一二）

（4）皇侃…四八八〜五四五。中国・南北朝時代の梁《りょう》の学者。

（5）柳宗元…七七三〜八一九。中国・中唐の文学者、唐宋八大家の一人。

（6）曽子…BC五〇六〜?。孔子の高弟で、名は参《しん》。『孝経』の作者といわれる。

（7）『荘子』…戦国時代の思想家荘周（荘子）の著した書物。荘子は道家思想として無為自然を主張し、儒家と対立していた。

（8）鄭玄…一二七〜二〇〇。「礼」を中心に、五経の解釈体系を完成した学者。

（9）何晏…?〜二四九。曹操の義理の子。学者・政治家。

（10）それぞれの篇…学而第一、為政第二、八佾第三、里仁第四、公冶長第五、雍也第六、述而第七、泰伯第八、子罕第九、郷党第十、先進第十一、顔淵第十二、子路第十三、憲問第十四、衛霊公第十五、季氏第十六、陽貨第十七、微子第十八、子張第十九、堯曰第二十。

（11）「学識と志ある人」と解釈する学者…藤堂明保監修・訳『中国の古典1　論語』（学習研究社　一九八一）

（12）「徳を身に具えた立派な人」と解釈する学者…吉田賢抗『新釈漢文大系1　論語』（明治書院　一九六〇）

（13）「紳士」という表現に置き換える学者…吉川幸次郎『新訂中国古典選　第二巻　論語　上』（朝日新聞社　一九六五）

（14）顔淵…ＢＣ五二一～四九〇。孔子に先だって死んだ孔子最愛の弟子。本名は顔回。
（15）閔子騫…ＢＣ五三六～四八七。孔子から、その親孝行を賞されている。
（16）冉伯牛…ＢＣ五四四～？。孔子から、悪疾を患ったことを惜しまれた。
（17）仲弓…？～？。姓は冉。孔子から、君子の器と称されている。
（18）宰我…ＢＣ五三二～四八九。能弁ゆえに、失言を孔子にとがめられることもあった。
（19）子貢…ＢＣ五二〇？～四五六？。本名は端木賜。魯の国の外交に活躍し、商才にも富んだ。
（20）冉有…ＢＣ五二二～四八九。魯の家老・李氏に仕えたが、失政を正せないことを孔子からとがめられた。
（21）季路…ＢＣ五四三～四八一。字《あざな》の子路で知られる。率直な言行が孔子から愛された。
（22）子游…ＢＣ五〇六～四四三？。武城という小さな町を治め、礼楽によって人々を導いた。
（23）子夏…ＢＣ五〇七？～四二〇？。学問に優れ、孔子に、ともに「詩」を語れる人物と賞された。
（24）五経…「易」は占いの本。「書」は古代の帝王の政治上の言辞。「詩」は宮廷や地方の歌謡。「礼」は冠婚葬祭のしきたりを記した書。「春秋」は魯の国で記録された春秋時代の歴史書。
（25）朱熹…南宋の思想家。理を中心に儒教を新しく集大成した。
（26）『大学』…もとは五経のひとつである『礼記』の中の一篇。曽子の作ともいわれる。
（27）『孟子』…戦国時代の思想家・孟軻《もうか》が諸侯に対して行った遊説などをまとめた書物。
（28）『中庸』…もとは五経のひとつである『礼記』の中の一篇。孔子の孫・子思（ＢＣ四八三～四〇二）の作とされる。
（29）王陽明…一四七二～一五二八。明代の思想家。その思想、陽明学は、心即理・知行合一・致良知の説で知られる。
（30）陸象山…一一三九～一一九二。南宋の思想家。朱熹の論敵として知られ、王陽明に影響を与えた。

(31) 王仁…『古事記』に『千字文』と『論語』をもたらしたと記録されるが、異論もある。
(32) 鄭玄…(8)を参照。
(33) 一山一寧…一二四七〜一三一七。鎌倉や京都の寺院で禅宗の教えを説いた。
(34) 伊藤仁斎…一六二七〜一七〇五。私塾「古義堂」を開き、仁をもとに儒学の再生をはかる。
(35) 荻生徂徠…一六六六〜一七二八。柳沢吉保に仕えたが、朱子学を批判。古文辞派として唐詩を重視した。
(36) 安井息軒…一七九九〜一八七六。日向国(宮崎県)出身の儒学者。文久の三博士の一人。

《参考文献》

『新釈漢文大系1　論語』(吉田賢抗　明治書院　一九六〇)
『新訂　中国古典選　論語　上』(吉川幸次郎　朝日新聞社　一九六五)
『新訂　中国古典選　論語　下』(吉川幸次郎　朝日新聞社　一九六六)
『中国の古典1　論語』(藤堂明保　学習研究社　一九八一)
『研究資料漢文学1　思想Ⅰ』(鎌田正・田部井文雄監修/謡口明・加藤實・前田康晴・工藤潔　明治書院　一九九二)

大人社会の「秩序」とどう向き合うか

●講座2

――「孝」について考える――

牧角悦子
二松學舍大学文学部
中国文学科教授

1　通過儀礼としての「父親」への反発

みなさん「オヤジ」は好きですか?

「オヤジ」といってもそれは世間一般のオジサンのことではなくて、漢字で書けば「親父」「親爺」、つまり父親のことです。

ボクは、ワタシは、親父が大好きだ! という人もいるでしょうが、それは、いまの世の中では非常に希少な人たちで、そして貴重な人たちだと思います。心から尊敬し、敬愛することができる父親がいるのはすばらしいことです。でも、心のどこかに、親父なんか大嫌いだ、どっかに行ってしまえばいい! (実際にどっかに行ってしまったら一番困るのは自分だということは置いておいて) という、善《よ》からぬ思いを抱えている人も多いのではないでしょうか。

「善からぬ」と、つい書いてしまいましたが、それは実は善し悪しの問題ではないのです。親父の否定、前世代への抵抗という心情は、人間が生物学的に当然もっている成長の証《あか》しです。

子どもが成長して大人になっていく過程で、特に男の子は、必ず父親なるものと対峙《たいじ》し、格闘し、乗り越えなければならない宿命をもっています。大人や社会から守られる子どもから、社会の一員として子どもを守る側になる、つまり大人になっていく。その過程において、男の子は徹底的に親父と対立する。それが反抗期であり「中二病」であり、疾風怒《しっぷうど》濤《とう》の青春期なのです。

むかしは、成年式といって、「子ども」が「大人」になるための通過儀礼がありました。男の子はある年齢になると、狩りに行って猛獣と戦うとか、険しい崖から川に飛び込むとか、肉体と精神とを極限まで追い詰め、文字通り、生きるか死ぬかの瀬戸際まで追い込まれる過酷な経験を課されました。

死ぬほどの目にあってなお生き延びて初めて子どもは大人になるのです。子どもとして一度死んで大人として蘇《よみがえ》る、つまり子どもから大人への脱皮をするのが成年式だったのです。この通過儀礼は、「子ども」と「大人」は違う存在であることを教えてくれます。子どもでも大人でもない思春期のみなさんが、大人である親父に違和感や対抗心をもつのは当然のことなのです。

2　儒教を支える八つの徳

ところで、みなさんは、儒教の徳目というものをご存じでしょうか。

儒教を支える八つの徳というのがあります。それは「仁」「義」「礼」「智」「忠」「信」「孝」「悌《てい》」です。(1) これらはみな、人が人として生きるうえで重要な考え、人間関係の中で大切にしなければならない心のあり方をいう言葉です。

「仁」とは相手を思いやる気持ち、「義」とは正しさを求める心、現代的に言えば愛と正義でしょうか。「礼」は礼儀作法という規範、「智」は物事を正しく理解する智慧《ちえ》、この二つは愛と正義を表と裏から支えるものとも言えるでしょう。「忠」は君臣関係の中で臣下が君主を絶対的に尊重すること、「信」は正直である（嘘をつかない）こと、「孝」は親子関係の中で、子どもが親を大事にする心、「悌」は兄弟関係の中で下の者（弟）が上の者（兄）を尊重すること、です。

さて、この八つの徳の中で、儒教の中心にあるもの、言い換えると儒教の教えの中でもっとも重要なものは何だと思いますか？

儒教の教えの中で一番重要なものは、一般的に「仁」、つまり「思いやり」だとされています。あるいは、それをきちんと形に表す手段である「礼」だとも考えられています。「五徳（これはガスレンジで鍋やヤカンを支えるものではありません）」というときは、「仁義礼智信」の五つであり、八つの徳のうち「忠孝悌」が入りません。しかし、儒教の教えの中で一番大事で、もっとも根本的な徳とされているのは、実は「仁」でも「義」でも「礼」でもなく、「孝」なのです。

3　先祖への敬意を表す「孝」

では、「孝」とはいったい何でしょう。信頼のおける字典にもとづいて、「孝」という言葉の意味を見てみましょう。まず、加藤常賢の『字源辞典』を引きます。加藤常賢は、中国古代の文化、特に思想や宗教の研究に優れた成果を残した中国学者、儒教や「礼」を生み出した社会そのものに熱い視線を注ぎました。漢字の一文字一文字を、背景の文化と絡めて説明したのが『字源辞典』です。

『字源辞典』では、「孝」の文字について、以下のように説明します。

孝　老人を養う、よく父母に仕える、よく先祖に仕える意味を表す「耂」（老の省略形）と、音を表す「子」からなる形声字。「子《シ》」は「食《シ》」＝「飼《シ》」やしなう。

「孝」の字は、「耂」と「子」から成り立っており、「耂」は父母・老人、そして先祖に仕えること、「子」は養うこと、という説明です。自分の父母を大切にすることは、先達である老人を大切にすることにつながり、それを発展させていくと、その先は祖先へとつながります。

つまり、「孝」とは、自分の血筋に沿って目上の人を敬《うやま》う気持ちであり、それは最終的にはご先祖様への敬意に行き着きます。自分の親、その親、そのまた親というように、家系をさかのぼって一族の先祖に対して敬意を示すこと、祖先の霊を定期的に祀《まつ》り、一族の繁栄を祈る祖霊祭祀が、「孝」という徳目の背景にはあったのです。

これを、もう少しわかりやすく現代的に説明しているのが『漢辞海』です。この辞書は、漢文文献の古典語の意味をその語義と用例から説明している漢和辞典の決定版ですが、「孝」という字の項目には次のように書いています。

①　祖先の霊や神々に供物をささげ奉養する祭り。

②　家庭倫理の徳目。

ア…父母を尊び、心から仕え奉養する徳行。

イ…父母や祖先の志を継承すること。

「孝」のもともとの意味は、祖先の霊をお祀りすることだとあります。同時に、身近なところでは、父母に仕え、心から尊敬する徳だとも言っています。

親孝行であることは、漢の時代ではもっとも重要な価値でした。現在の日本では、国の政治や行政にかかわる人間を採用するには、国家公務員試験があり、そこでは一般教養や専門知識が選抜の基準となりますが、「孝」が最重視されていた漢代では、「孝廉《こうれん》」といって、親孝行で清廉潔白な人物を地方の官吏《かんり》が探し出してきて、都《みやこ》に推薦しました。知識や技術ではなく、親孝行であることが、人物を選択するときの最高の価値だったわけです。

儒教の徳目としての「孝」の重視は漢以後も継承され、冬に魚を食べたいという親のために氷の張った川を裸で温めたり、夏に親が蚊に刺されないように裸になって蚊の餌食になったり、親の葬式代のために身売りをしたりというような、極端な「孝」のアピールまで登場するようになります（これらの話は『二十四孝』(2)という書物に載っています）。このように「孝」は儒教の徳目の中でもっとも重要なものでした。「孝は百行《ひゃっこう》の本《もと》」（『礼記《らいき》』(3)）という言葉があるように、親孝行は、あらゆる行いの中の基本だ、というわけです。

4　善悪を超えた、絶対的価値としての「孝」

親孝行が大事だという儒教の徳目。その儒教の思想は、春秋時代の諸子百家[4]の一つであった儒家から始まります。孔子を師と仰ぐ儒家教団では、「文質彬彬《ひんぴん》」、つまり内容も外面も立派な「君子」であるために、弟子たちが古典の学習と礼楽（礼儀作法と音楽）の習得に努めました。そして「君子」であるために求められた徳が、先に挙げた「仁」や「義」などであったわけです。

では、孔子と弟子たちの言行録である『論語』に、「孝」はどのように語られているのか。『論語』の中で「孝」に言及している箇所を、示していきましょう。

有子曰、其為人也孝弟、

有子《ゆうし》[5]曰《い》わく、其《そ》の人と為《な》りや孝弟にして、

而好犯上者、鮮矣。

而《しこう》して上を犯すを好む者は、鮮《すくな》し。

不好犯上、而好作乱者、未之有也。

上を犯すを好まずして、而して乱を作《な》すを好む者は、未だ之《こ》れ有らざるなり。

君子務本、本立而道生。

君子は本《もと》を務む、本立ちて而して道生《しょう》ず。

孝弟也者、其為仁之本与。（学而篇）

孝弟なる者は、其《そ》れ仁を為《な》すの本か。

孔子の弟子である有子が言った。孝弟（「弟」は「悌」と同じ）な性格であれば、上の立場にいる者に逆らったりしない。上の立場の者に逆らわない者は、好んで混乱を引き起こすようなことは絶対ない。

君子（人格者・立派な人間）は根本の確立に努めるものである。根本が確立すれば、そこから道、すなわちいろいろな方法が生まれてくるのだ。孝と弟というものは、仁をなすための根本なのだ。

「君子」とは立派な大人のことです。『論語』は君子になるためにはどうしたらよいかを教える書です。ここでは、君子は根本を確立して、そこから道を発生させる、その道というのが仁であり、仁の根本にあるのが孝と弟だと言っています。「上を犯すを好まず」というのは、社会秩序（すなわち礼）のことだと考えてよいでしょう。

これを図式化すると次のようになります。

孝・悌 ──→ 仁 ──→ 礼＝秩序
（本）　　（道）　　（不好犯上）

また、孝と弟（＝悌）とが並列されています。孝というのは〈親─子〉、弟（＝悌）というのは〈兄─弟〉における関係から生まれるものです。

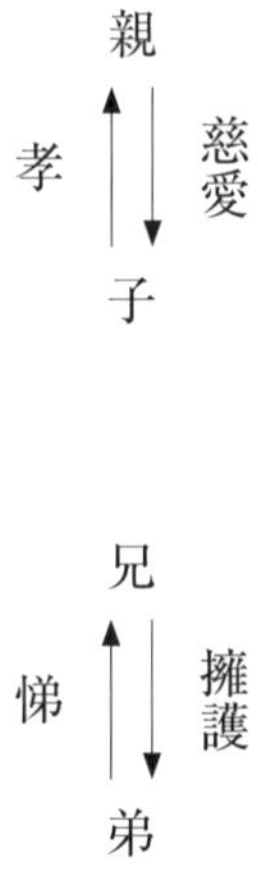

先に掲げた一章は、『論語』の第一篇「学而《がくじ》」篇にあります。ご存じのように、「学而」篇は、「学びて時に之を習う、また説《よろこ》ばしからずや」で始まります。学びを習得し、学友と分かち合い、人からの評価ではなく自ら納得して学ぶ意味を味わうことの喜びを語る冒頭に続いて、この一章があるのです。

それはおそらく、学びの第一歩として『論語』が道の根本である「孝」を重視していたからだと思われます。まずは「孝」が大事。それは人の道たる「仁」の根本だ。これが『論語』の重要な主張です。

また、同じく「学而」篇に次のようにあります。

子曰わく、弟子《ていし》入りては則ち孝、出でては則ち弟、

子曰、弟子入則孝、出則弟、

謹而信、汎愛衆而親仁、
謹にして信、汎《ひろ》く衆を愛して仁に親しみ、

行而有余力、則以学文。
行いて余力有れば、則ち以て文を学ぶ。

先生がおっしゃった。君たち、家庭においては孝でありなさい。家庭から出て社会にあるときは悌でありなさい。勤勉で正直、人々に優しく思いやりの気持ちをもち、それらの徳を実行することが第一です。そして、実行してまだ余力があるときに初めて学問をするのです。

ここでは実行の重要性を言います。「文を学ぶ」というのは学問をすること。古典文献の学びをいいます。孔子教団では『詩』や『書』などを古典として学んでいましたが、孔先生はそのような学びよりも、孝や悌や信や仁という徳の、生きた実践を重視しているのです。

では、「孝」の実践とは具体的にはどのようなことなのでしょう。「学而」篇には次の言葉があります。

子曰わく、父在《い》ませば其の志を観《み》、父没すれば其の行いを観る。

子曰、父在観其志、父没観其行、

三年父の道を改むること無ければ、孝と謂《い》うべきか。

三年無改於父之道、可謂孝矣。

先生がおっしゃった。父親が在世中は父親の心持ちをよく観察して理解する。父親が没した後は父親の残した業績をよく観察して理解する。そして（服喪《ふくも》期間である）三年間、父親の守った道をそのまま尊重することができれば、孝だと言ってよいのだ。

この一章において「観」の一字は非常に示唆に満ちています。

父親の言動とその意味を、客観的にじっくり観察して理解すること。そして三年間は守ること。それは言い換えれば、たとえ父親の言動に心情的には反発を感じても、また道義的に間違っていると思っても、その感情や判断を中止して、まずは「観」て「改」めないことを言っているのです。

つまり、「孝」は好悪や善悪の判断を超えて、無条件に守ることが必要だというわけです。『孟子』(6)に、罪を犯した父親に、息子としてどう対処すべきかという議論がありま す。罪を犯したのだから、お上《かみ》に訴えるべきだという人に対して、帝王の舜(7)は自分の地位を〝破れ草履《ぞうり》〟のように捨てて、父親を背負って海浜に逃げる、と答えます。儒家において「孝」は、善悪を超えた絶対的価値であったのです。

5　血縁集団の結束の象徴として

『論語』が、そして儒家の教えが、このように「孝」を重視したのには、歴史的な背景があります。それは古代社会にさかのぼります。

儒家の儒という文字は「柔」の意味をもち、本来は侏儒《しゅじゅ》、すなわち小人を指したといわれます。異形《いぎょう》の者は、普通の人間のもちえない能力をもちます。それは未来を予測したり、神霊と通じ合ったりする能力です。古代社会においてはそのような能力をもった人間は聖なる存在でした。彼らは政治家であり思想家であり学者であり、死者の霊魂と通じ合う呪術者でもあったのです。

古代社会においては、この呪術が重要でした。なぜなら古代の生死観では、人は死ぬと魂《こん》（たましい）と魄《はく》（にくたい）とに分かれ、魂は天上にのぼり、魄は地下に帰ると信じられていたからです。

天上に上った霊魂はそこから地上の子孫を見守り、子孫たちが呼ぶと地上に降りてきて、幸福や不幸をもたらします。子孫たちは定期的に祖先の霊魂を呼び降ろし、丁寧にお祀りすることで一族の繁栄を祈りました。呪術とは、このような神霊祭祀をとり行う、つまり人と霊魂をつなぐ術なのです。

古代社会は血縁集団が中心です。この血縁集団では、一族が団結するために、共同作業を通じて結束感を確認することが必要です。祖霊祭祀はそのためのもっとも重要なイベントでした。そしてこの血族集団を結合して社会ができていく中で、祭祀はもっとも重要な「事業」だと認識されていきます。

「孝」とは年長者を敬うことです。親を、その親を、そしてそれに連なるご先祖様を敬うこと、これは祖霊祭祀を中心に据えた血縁集団の結束のために、もっとも重要な理念となります。

血縁集団を中心とした古代社会において、祖霊祭祀の術を取り仕切るのが儒家集団でした。だから儒家の思想は血統の正しさと上下関係の正しい秩序を求めます。そして血縁と血統を守るもの、それが「孝」だったのです。

血縁というつながりを重視する考え方から「孝」が生まれました。そして「上を犯さない」と『論語』に規定された、いわば秩序を守ることは、「礼」という形によって維持されます。

まずは親子関係。子どもは親に対して絶対的な敬意を示さなければなりません。そして親子関係を拡大したところに「家」ができます。「家」においては家長が絶対的な権威をもちます。家からさらに広がると、社会があります。家長制はさらに発展して、年長者、そして位の上の者に敬意を示す「忠義」という考えがここに生まれます。封建制度は、それをさらに発展させて、土地を媒介に皇帝が臣下を統治した儒教の理想的な支配体制でした。

6 青春を生き抜く若者にとっての「孝」の意味

中国という広大な国家を、ほぼ二千年近く支配した儒教は、このように血族と社会秩序を守ることを中心に据えた教えだといえます。家の維持のために、国家の維持のために、「孝」は必ず必要だったのです。

では、中国古代国家を支配した儒教、その中心にあった「孝」は、現代を生きる私たちに、はたして必要なのでしょうか。

「封建的」という言葉を、私たちは「古い」「頑《かたく》な」、そして「非民主的」という意味に使います。それは否定的なニュアンスをもっています。近代になって、西欧の新しい思想が東洋に流れ込むと、儒教的、封建的なものの考え方は、古くてよくないものだと徹底的に批判されました。

近代の思想は個を重視します。人間は一人ひとり個性があり、その一つひとつが尊重されるべきだという考え方、またその「民」を主体とする民主主義、個人の意思を判断の中心におく民主という思想もまた、近代のものです。

中国では清の末期から中華民国の初期に、日本では明治期に、若者たちは西洋からどっと流れ込んだこの新しい思想を一気に吸収しました。中国では五四運動(8)という新文化運動において「科学」と「民主」が叫ばれ、日本においては封建的「家」制度からの解放が文学の大きなテーマとなりました。父親や家の束縛から離れて、自由に恋愛し、個人の意志で結婚すること、それが近代青年の目指した新しい「家」の形でした。

そのような中で、儒教の秩序は古いしきたりとみなされ、家の重圧からの個人の解放が叫ばれました。「孝」であることよりも、「個」の確立こそが重要だとされた近代思想は、儒教の全面否定からはじまったのです。

私たちは、近代的価値観の中で生きています。民主的、科学的であることが大きな価値をもち、専制的であること、封建的であることは批判の対象となります。そんな近代社会の中で、では「孝」という考え方もまた否定されているのかというと、必ずしもそうではありません。

現代社会でも親孝行は必ず美談であり、会社の面接では尊敬する人として父親や母親を挙げるとウケがよいともいわれます。それはいったいなぜかというと、「家」制度の絶対的権威がなくなった現代であっても、社会というものが存在し、社会においてはその秩序を守るために規範が必要だからです。

正しいからといって闇雲《やみくも》に正義を主張していては、組織は崩壊します。社会・組織を形として守るためには、秩序すなわち儒教でいう「礼」が絶対に必要です。親を尊重できる人は組織や社会の決まりを尊重できる。少なくとも破壊はしない。大人として組織の一員として社会に生きるために、秩序という名の「礼」は、現代においても重要なのです。血縁というつながりを重視する考え方である「孝」は、形によって秩序を守る「礼」に吸収されて、現代社会にもしっかりと生きています。

しかし、です。社会の秩序の根源として「孝」が必要だ、ということが理解できたとして、じゃあ「孝」は大切だ、親父は尊重しなければいけない、とみなさんは素直に思えるでしょうか。

そうです。「孝」の必要性の理解と、生《なま》の感情とは別物です。特に疾風怒濤の青春期、その混沌をとことん経験することなしに、無条件に親孝行を絶対視するのでは成熟した大人にはなれないでしょう。

人には、とくに少年の心には、大人とは異質の秘密の園があります。それは、豊饒《ほうじょう》な感性、甘美への陶酔、破壊への衝動といった生々しい情緒と情熱の王国です。この詩的なもの、抒情的な世界への憧憬は、人の心を豊かにするものではありますが、同時に社会の秩序とは相容れないものでもあります。

中原中也という詩人をご存じですか？　山口県の旧家に生まれた彼は、伝統的な家の軛《くびき》から逃れようとして放蕩三昧《ざんまい》の人生を送ります。酒を飲み女を買い、喧嘩をし、これという職業にもつかずに最後は病死します。およそ「孝」という価値の正反対を生きた彼は、しかし類《たぐい》まれな美しい詩篇を残しました。たとえば、その代表作に「汚れっちまった悲しみに」があります。

汚れつちまつた悲しみに……　　中原中也

汚れつちまつた悲しみに
今日も小雪の降りかかる
汚れつちまつた悲しみに
今日も風さへ吹きすぎる

汚れつちまつた悲しみは

たとへば狐の皮裘《かわごろも》
汚れつちまつた悲しみは
小雪のかかつてちぢこまる

汚れつちまつた悲しみは
なにのぞむなくねがふなく
汚れつちまつた悲しみは
倦怠《けだい》のうちに死を夢《ゆめ》む

汚れつちまつた悲しみに
いたいたしくも怖気づき
汚れつちまつた悲しみに
なすところなく日は暮れる……

少年の日の痛みを瑞々《みずみず》しい感性で歌った中也の詩は、少年の心をもった人々の心を熱く揺さぶります。儒教を支えた「孝」の重視が、陽の当たる社会の秩序を支えるものだとすれば、一方で、陽の当たる社会の秩序とは異次元のものとして、中也の詩はあるのです。

人が人と生きる社会において、その秩序を重視するのが大人だとすれば、感性と想像の世界で秩序を破壊し新しい世界を創造するのが詩人であり、子どもです。その二つに引き裂かれる青少年期のみなさんは、「孝」を盲目的に尊重して、無理やり心情を変形する必要はないでしょう。

ただ、おそらく成長の過程において、摩擦や衝突を経験する中で、大切なものを守るための手段として、「形」がとても重要だということに気づくはずです。礼という名の形が必要なのは、実は守るべき大切なものがあったからなのです。

儒教の世界でも礼は、初めは人としての心のありようを守るものとして生まれました。儒教が国家思想になるにつれて、礼は秩序の維持のために人間性から乖離《かいり》していきますが、しかし内実を守るための形、という考えそのものが、実は儒教の本来的な知恵だったのです。

学問は「なぜ」から始まります。なぜ人は生きるのか、なぜ人は争うのか。それに合理的な回答を与えようとするのが学問であるとするならば、それには客観的で合理的な思考が必要です。しかしながら、儒教の教えにおいて、また極端な言い方をすれば中国の思想においては、そのような合理的で客観的な真実を追いかけることはあまりありません。「孝」は無条件で守ることに意味があるのです。「ならぬものはならぬ」という会津の日新館の教え、有無を言わせぬ決まりの遵守《じゅんしゅ》が、儒教の本質にはあるのです。

それは、近代的な思考、合理性と客観性を求める思考とは異なるものです。しかし、中国の王朝を二千年にわたって支え、さらに日本人の精神性に大きな影響を与えた儒教は、合理性や客観性とは異質の存在意義を持つものです。有無を言わせない価値への信頼が、儒教的学問の前提にあるからです。

礼の重視、内実を守るための形の重視を説く儒教の教え、三千年の歴史を生き抜いた『論語』の知恵は、社会や家と格闘しながらも、人として生きる道を模索する青年期のみなさんに、何がしかのヒントを与えてくれるのではないかと私は思うのです。

注

（1）それは「仁」「義」「礼」「智」「忠」「信」「孝」「悌《てい》」です。…講座1の「九思」（23ページ）は、視覚・聴覚・容貌・言動などの態度について注意すべきことがらを説く。それに対して、ここで説いている徳目は、親子・君臣・友人などの人間関係の中で守るべきことがらである。

（2）『二十四孝』…中国の二十四人の孝行者の逸話集。元の郭居敬《かくきょけい》の編。児童の読み物として広く普及した。

（3）『礼記』…五経のひとつで、「礼」について説いた書物。

（4）諸子百家…春秋・戦国時代の学派の総称。他に、道家・陰陽家・法家・名家・墨家・縦横家・農家・雑家・小説家がある。

（5）有子…有若。孔子より十三歳年少とされる。

（6）『孟子』…講座1の注（27）参照。

（7）舜…中国古代の伝説上の帝王。五帝の一人で、儒教では理想の聖人とされる。

（8）五四運動…一九一九年五月四日に北京で起こった近代中国の新文化運動。政治運動から始まり、白話（口語文）の提唱という文学運動にまで発展した。

《参考文献》

『当用漢字　字源辞典』（加藤常賢　山田勝美　角川書店）
『漢辞海』（戸川芳郎監修・佐藤進・濱口富士雄編　三省堂）

わが人生に後悔なし、と言い切るために

●講座3

―孔子の「仁」に対する思い――

中根公雄
二松學舍大学文学部
中国文学科非常勤講師

1　消息を絶った登山家と『論語』との接点

いまから三十年ほど前、一九八二年十二月、ある登山家がエベレスト登頂を果たした後、下山中に消息を絶つという出来事がありました。登山家の名前は加藤保男。(1) 当時、三十三歳という若さでした。

その報に接したとき、私は、「えっ、あの……」と驚くとともに、心にある疑問が浮かびました。命の危険も承知で山に立ち向かうのが登山家ですが、だからといって、はたして加藤さんにとっては本望と言えたのか？　むしろ、後悔があったのではないか……。

加藤さんが消息を絶つ二、三年前のこと。私が中学二年か三年の頃だったと思います。学校行事の一つに「立志式」というものがあり、そこに加藤さんが招待されて講演をしてくださったのです。実は、正直に言うと、大変申し訳ないことに、講演の具体的な内容をまったく覚えていません。

ただ、ひとつだけ強烈な印象として残っていることがあります。加藤さんは、これまでの登山で足と手の指何本かを凍傷のために失っていたのですが、「またすぐに山に登りたい」と、指を失った手を高々と掲げながら話されたのです。その様子だけは、いまもまざまざと脳裏に焼き付いています。

その姿からは、命を落としかねない体験をしてもなお自分の志を掲げて、困難に立ち向かおうとする「熱い思い」が強烈に伝わってきました。

あれから、およそ三十年——。

加藤さんは、自身の人生に悔いはなかったのか。ひとは、何を基準として、自分の人生に「悔いなし」と言い得るのか。どのような状態であれば、「後悔がない」と言えるのか。私はいま、その疑問を解く手掛かりを『論語』に求め、みなさんと一緒に考えてみたいと思っています。

私は、講演でそのお顔を見ただけで、加藤さんと特に面識があったわけではありません。登山の経験もなく、十分な知識を持ち合わせない私が、その登山を語ったり、登山家としての加藤さんの人生をとやかく論ずるのは、不遜《ふそん》なことかもしれません。その点はあらかじめお詫び申し上げておきます。

加藤さんの講演と『論語』には、ちょっとした接点があります。

先ほども話したように、加藤さんの講演を聞いたのは、中学校の「立志式」という行事でした。立志式は、かつて武家社会で行われていた元服の儀にちなんで、十四、五歳である中学二、三年生のときに、生徒を励ますイベントです。その立志式で私は、登山家・加藤保男さんの志に触れたわけです。

ここまで本書を読んできた方なら、「十五歳」と聞いてピンとくる方も多いはずです。孔子が晩年に自己の生い立ちを顧みて、学問の進歩していく軌跡を年齢にあてはめて示した、有名な言葉がありますね。その冒頭で、こう言っています。

子曰わく、吾《われ》十有《ゆう》五にして学に志す。

子曰、吾十有五而志于学。（為政篇）

つまり十五歳を、学問の修養に志を立てた年齢であると述べているのです。

では、孔子は、どんな学問の志を立てたのでしょうか？　『論語』には、そのヒントになるこんな言葉があります。

仁を求めて仁を得たり、又《また》何ぞ怨《うら》みん。

求仁而得仁、又何怨。（述而篇）

これは、周の武王(2)への諫言《かんげん》が聞き入れられずに餓死したとされる歴史上の人物、伯夷《はくい》・叔斉《しゅくせい》(3)の一見不遇とも思える境遇に対し、孔子が述べた言葉です。伯夷と叔斉は仁をなそうとして仁を得たのだから、なんで恨むことなどあろうか、というわけです。

その伯夷・叔斉が「仁を求めて仁を得た」とは、いったいどのような状況をいうのか？言い換えれば、伯夷・叔斉にとって、「仁」の実質的な中身とはなんだったのか？これを考えることによって、先に私が提示した、「人の生き方と、それに伴う後悔の有無」という問題の答えも見えてきそうです。

2「仁」とは、真心と思いやりのこと？

今日伝わっている『論語』は、学而《がくじ》篇から堯曰《ぎょうえつ》篇までの二十篇、およそ五百章ありますが(4)、そのうち五十八章で計百五回、「仁」という言葉が登場します。儒家（儒学）の祖である思想家・孔子が説く道徳論は、「仁」という徳を重要視しています。さらに言えば、孔子の教え（学問）は、「仁」の実現をその理想としていると言ってもいいくらいです。

では具体的に、『論語』の中で「仁」はどのように定義されているのか？

実は『論語』をひもといてみても、孔子は「仁」の意味そのものについては語っていません。ただし、「仁」に関わる内容に触れたり、弟子の質問に答える形で、仁の概念の一端を示しています。さっそく、『論語』に見られる「仁」の諸相について見ていくことにしましょう。

孔子に対して弟子の樊遅《はんち》(5)は「仁」について何度か質問をしています。あるときは、孔子は、こう答えています。

子曰、愛人。（顔淵篇）

子曰わく、人を愛す。

「仁」とは、人を愛することである。わかりやすいですね。

ところがです。孔子は、「仁」について問われると、そのつど、言うことが違うのです。これは、孔子の見解がブレているわけではありません。「仁」はひと言では言い難いほど、とても奥が深いということです(6)。

後世に「仁」を愛という語で説く者は、戦国時代の孟子(7)をはじめとして何人か挙げられますが、南宋の朱熹《しゅき》(8)はこう述べています。

「仁は愛の理、心の徳なり。(仁者愛之理、心之徳也。)」(『論語集註』学而篇)

朱熹の注解は、「仁は、心の働きである情としての愛の普遍的な真理・道理であり、人の心に具《そな》わる道徳性である」と、仁を愛と峻別《しゅんべつ》しています。つまり、愛は「仁」の現れ(発露したもの)であると考え、愛に対する「仁」の優位性を強調しているのです。

さらに、朱熹は、仁に二面性を考えて画然と対比する形で説いていました。ひとつには、人が本来的に具えている道徳性を仁・義・礼・智(知)の語で表現した場合や、他の三者と並べてとらえる場合の仁です。これを「偏言の仁」といいます。もうひとつは、仁・義・礼・智(知)の四徳を自身の内に総合的に包括し、統轄するものとしてとらえる仁です。これを「専言の仁」といいます。別の言葉で言えば、「行為としての仁」と「理念としての仁」と言い換えることもできるでしょう。

また、『論語』では、「仁」を「思いやり」とか「優しさ」といった意味合いでとらえている場合もあります。弟子の仲弓(9)から「仁」について質問された孔子は、次のように答えています。

己《おのれ》の欲せざる所は、人に施すこと勿《な》かれ。

己所不欲、勿施於人。（顔淵篇）

これは、「仁」の具体的な行いについて触れたものです。そして、ここで孔子が説いた「自分が望まないことは、他の人も望まないと思っているはずだから、してはいけない」という見解が、弟子の子貢《しこう》(10)の質問への答えとして、まさに同じ言葉で表れる箇所があります。

子貢問いて曰わく、一言にして以て終身これを行うべき者ありや。

子貢問曰、有一言而可以終身行之者乎。

子曰わく、其《そ》れ恕《じょ》か。己の欲せざる所、人に施すこと勿かれ。

子曰、其恕乎。己所不欲、勿施於人。（衛霊公篇）

子貢が「一生涯行うべきことを一言で言うことができますか」と聞いたのに対して、孔子は「それは恕である」と答え、「自分が望まないことは人に対してもしてはいけない」と言葉を続けたのです。
「恕」は「怒」という文字と一見似ているので勘違いされがちですが、意味合いは真逆です。「恕」は「ゆるす」という意味です。つまり「仁」のもつ内容の一つが「恕」であり、「恕」の具体的な行いの現れが「己の欲せざる所は、人に施すこと勿かれ」ということになります。

では、「恕」について、もう少し掘り下げてみましょう。
孔子が弟子の曽子《そうし》(11)に、事に処する際の思索と行動の原則を説いた、いわゆる「夫子《ふうし》(12)一貫」の章は次の言葉があります。

子曰わく、参《しん》や、吾が道は一以て之を貫く。曽子曰わく、唯《い》と。

子曰、参乎、吾道一以貫之。曽子曰、唯。（里仁篇）

「参」は曽子の名ですが、孔子が、その曽子に呼びかけ、「私の道は一つの原理に貫かれている」と言うと、曽子はただ「はい」と答えただけでした。

この二人のやりとりを理解できなかった他の門人たちは、曽子に会話の意図するところを尋ねます。曽子は、その性質を「魯《ろ》」（魯鈍《ろどん》、悟りが悪い）と評された人物でしたが、ズバリとこう答えたのです。


曽子曰わく、夫子の道は、忠恕《ちゅうじょ》のみ。

曽子曰、夫子之道、忠恕而已矣。（里仁篇）

章末の注（12）にもあるように、「夫子」は「先生」といった尊称として使われる言葉ですが、ここでは孔子のことを指します。

先の、孔子が曽子に答えた言葉に出てくる「一」は、仁と解されることが多いのですが、それ以外にも理や誠、さらに、老荘的[13]な道、心、空なども解されます。この場面では、曽子は、孔子の思索と行為の原則を「忠恕」という言葉で説明したのです。

「忠恕」とは、どういう意味か？　朱熹の解釈「己を尽くすを之《こ》れ忠と謂《い》い、己を推すを之れ恕と謂う。（尽己之謂忠、推己之謂恕。）」（『論語集註』里仁篇、実は北宋の程伊川《ていいせん》[14]の語）に基づけば、「自己の心の誠を尽くして私心のないことが忠、自己の心を推し広めて他に推し及ぼす（量る）ことが恕」ということになります。端的に言えば、「忠」とは真心、「恕」とは思いやりです。

真心と思いやり。これは、私たちが日頃よく使う言葉ですね。『論語』でいう「仁」のイメージ、身近な感じがしてきませんか？

もう少し掘り下げてみましょう。

あるとき弟子の子貢が、「仁」を行う方法として、「人々に広く恩恵を施すことができれば、それは仁を為したと言えるでしょうか」と孔子に質問しました。これに対して孔子は、「それはあの理想的な聖天子とされた堯《ぎょう》(15)や舜《しゅん》(16)も心を痛め、憂えたことである」と述べた後に、次のように言います。

夫《そ》れ仁者《じんしゃ》は己《おのれ》立たんと欲して人を立て、己達せんと欲して人を達す。

夫仁者己欲立而立人、己欲達而達人。

能《よ》く近く取り譬《たと》うるを、仁の方と謂うべきのみと。

能近取譬、可謂仁之方也已。（雍也篇）

そもそも仁者といわれる人は、自分が身を立てようと思えば、同時に人の身をも立て、また自分が何かを成し遂げようと思えば、同時に人にも成し遂げさせる。このように、何事につけても他者の心情を手近な我が身に引き比べて自他ともに同じであると理解し思い遣ることが、仁を行う方法なのである。

他者の身の上になされる事柄を、自己の身に置き換えて考えなさい、ということですね。つまり、そうすることにより、他者への同情や共感を認めることが、「仁」を行う方法であると、孔子は考えているわけです。

こうした自己と他者との関わりの問題は、のちに宋代になると、「自己（人）は天地万物と一体である」という提唱として展開を見せます。ただ、万物は一体であるという考え方自体は、古くから『荘子』(17)の「万物斉同《ばんぶつせいどう》」(18)や仏教の言説などにも見られるものです。

北宋になって、程明道《ていめいどう》(19)の言葉に、「医書に手足の痿痺《いひ》せるを不仁と為すと言う。此《こ》の言《げん》最も善く名状す。仁者は天地万物を以て一体と為し、己に非《あらざ》る莫《な》し。(医書言手足痿痺為不仁。此言最善名状。仁者以天地万物為一体、莫非己也。)」(『近思録』道体)とあります。

つまり、程明道は、「医学書には、手足がしびれて感覚のなくなる病を不仁と言うとあるが、仁の意味を考えるうえで、実にうまく仁を形容している。仁者は天地万物を一体であるとみなす」と説明しているのです。

さらに、私なりに補足するならば、こう解釈することができます。

手足が麻痺してしまえば、本来自分の身体の一部分であり他の部分ともつながるものであるという感覚を失ってしまう。とすれば、何ら痛痒《つうよう》を感じない状態が「不仁」ということになります。逆に、手足は自分の身体上のものであると自覚して、そこに痛みが生ずれば、その痛みを自己のものとして感じていくことが、「仁」である(仁を回復する)。

この意識が自己と天地間の万物とのつながりに向けられるとき、自己と万物は一体であると主張されるのです。この程明道の「万物一体の仁」の思想は、やがて明代に至り王陽明(20)に影響を与え、人が是非善悪を自然に判断する心の本体である「良知」説(21)と結びついて説かれることになります。

『論語』の中に現れる「仁」は、これらのほかにもまだありますが、これまでに取り上げた章の内容を考えても、「仁」にひとつの、そして明確な定義を与えることは、なかなか難しいところがあります。

そもそも「仁」の原初的な意味は、外観上の人柄・人ざま、もしくは男ぶりの良さを表して、「見栄えのする人柄・良く美しく見える人ざま、また雄々しい、りりしい」などであったと推測されています。それが春秋時代になり、人の内面的な立派さを形容するようになり、ついで人のもつ愛情の深さを表現するようになって、やがて孔子にいたって、理想とすべき生き方の指針として重要視されるようになったとされています(22)。

それにしても、なぜ孔子は「仁」を重要視したのか？　なかなかとらえどころない「仁」ですが、孔子の心中をもう少し探ってみましょう。

3　「仁」を求めて、「仁」を得るために生きる

孔子は、自分より六百年も前の人物である伯夷《はくい》・叔斉《しゅくせい》の人生に対する態度に触れて、「仁を求めて生きて、仁を手に入れることができた」のだから、「心に不満や後悔の念を抱かなかった」とまで言い切っています。それは、弟子である冉有《ぜんゆう》や子貢との問答の中に見えます。

冉有曰わく、夫子は衛《えい》の君《くん》を(23)為《たす》けんかと。

冉有曰、夫子為衛君乎。

子貢曰わく、諾《だく》、吾将《われまさ》に之を問わんとすと。

子貢曰、諾、吾将問之。

入《い》りて曰わく、伯夷・叔斉は何人《なんぴと》ぞやと。

入曰、伯夷・叔斉何人也。

曰わく、古《いにしえ》の賢人なりと。曰わく、怨みたるかと。

曰、古之賢人也。曰、怨乎。

曰わく、仁を求めて仁を得たり。又何ぞ怨みんと。

曰、求仁而得仁。又何怨。

出《い》でて曰わく、夫子は為けざるなりと。

出曰、夫子不為也。（述而篇）

冉有が言うことには、「先生は衛の君主をお助けになるだろうか?」と。子貢が言うことには、「よろしい。私が尋ねてみましょう」と。先生の部屋に入って質問をして言うことには「伯夷・叔斉とはどんな人物でしょうか?」と。先生が答えて言われるには、「古《いにしえ》の賢人である」と。子貢「(二人は互いに国を譲り合い、後には餓死するまでになったのですが) 後悔したのでしょうか?」と。先生「二人は仁を為そうと求めて仁を為し得たといえる。心中に何の後悔に思うことがあろうや」と。子貢は部屋から出て冉有に言うことには、「先生は衛の君主をお助けにはならないだろう」と。

孔子の「仁」に対する考え方に触れる前に、少し長くなりますが、この問答の背景について、詳しく解説を加えておきましょう。

冉有、子貢ともに孔子の弟子で、『論語』では、冉有は政事に、子貢は言語すなわち弁舌に、その才能を発揮したとされています。子貢は理財の面でも優れていたとも言われています。

冉有は政事の部門に列せられるに相応《ふさわ》しく、当時まさに内乱状態にあった衛の国の状況に関心をもち、また、師である孔子が行く国で政治の相談にあたることから、こうした場合に孔子がどのように対処するのかを問うたのです。そのことに端を発した問答となっています。

当時、衛の国に君臨していたのは、無道で暗愚な君主の霊公《れいこう》と、その夫人で淫乱な行いで評判の芳しくない南子《なんし》でした。二人の間には、蒯聵《かいかい》という太子がいたのですが、母の南子と折り合いが悪く、そのために母を殺そうとして失敗し、霊公に放逐されたので、衛国の外に出奔していました。

ところが、霊公が亡くなった後、霊公の孫である出公輒《しゅつこうちょう》が推されて君主として即位すると、国外に亡命していた、霊公の子であり輒の父である蒯聵はそれを認めず、強国・晋《しん》の力を借りて衛に入ろうとしました。そこで出公輒は、これを拒んで国へ入れないようにしたので、父子相争うことになり、衛の国は、いわば、お家騒動の渦中にあったのでした。

当時の衛の人々の間では、蒯聵は父の霊公より処罰されたので君主として立つべきではなく、輒は正統な系列上の孫として君主の座に立つべきである、という見方が支配的でした。そんな衛の趨勢に対して、孔子がいかなる態度を示すのかという疑問を冉有は発したのです。

ここで今度は、言語に長《た》けた子貢が本領を発揮します。子貢は、衛君のことを直接には話題として示さず、類似の事柄として伯夷・叔斉のことを取り上げて質問したのです。

「伯夷・叔斉」は、殷《いん》(24)の末期の孤竹《こちく》という国の二人の王子。父である孤竹君は死に際する遺命として弟の叔斉を君主の位につかせようとしました。しかし父の死後、叔斉は兄の伯夷に君主の位を譲ろうとしましたが、伯夷は「父の遺命」であると言って国を去り、叔斉もまた兄弟の順序を考えて君主に立たず国を去ったのでした。

つまり、兄の伯夷と、弟の叔斉とは、お互いに父の国を譲り合って位を継がなかったのです。折しも周の武王が、殷の紂王《ちゅうおう》(25)を伐《う》とうとしていました。二人は武王に対し、父親の葬儀もせずに武器を取って戦うことは「孝」とは言えないし、臣下の立場にありながら、いかに無道な王でも主君の紂王を伐つことは「仁」とは言えないと諫《いさ》めましたが、武王は聞き入れませんでした。

結局、二人は、周が殷を滅ぼした後、「周の粟《ぞく》を食《は》まず」と言って首陽山《しゅようざん》という山に隠れ、遂に餓死したのでした。まさに「節義の兄弟」と言えます。

孔子が伯夷・叔斉を評した「仁を求めて仁を得たり」という言葉の具体的な内容については、伯夷・叔斉が互いに国を譲りあったこととするか、または武王に諫言するも聞き入れられず、それでも最後まで信念を貫き通したこととするか、見解は分かれますが、朱熹は『論語集註』において、前者の立場をとって解しています。

朱熹はこう述べます。「蓋《けだ》し伯夷は父の命を以て尊と為し、叔斉は天倫《てんりん》を以て重と為す。其の国を遜《ゆず》るや、皆天理の正に合して、人心の安に即《つ》く所以《ゆえん》を求む。既にして各其の志を得れば、則ち其の国を棄つるを視《み》ること、猶《な》お敝蹝《へいし》のごときのみ」（『論語集註』述而篇）。

つまり、朱熹は、「伯夷は父の遺命を尊しとみなし、叔斉は天倫（兄弟の順序）を重んじて、兄弟が国を譲り合ったことは、天の道理のよろしきにかない、人としての心の安らかなるようにと求めたのです。そして、その思いがかなったからには、国の君主としての地位などは放棄したところで、やぶれた草履にぐらいにしか思わないでしょう」と言っているのです。

だからこそ、伯夷・叔斉の心中に対する孔子の「又何ぞ怨みん」の語について、朱熹は「怨は、猶《な》ほ悔のごときなり」、すなわち「怨」は後悔の意であると解して、「何の怨みか之れ有らん」と言ったのでした。人としての道義を貫いたのであるから、後悔などどうしてあろうかというわけです。

話を先の冉有、子貢と孔子の問答の内容に戻せば、子貢は、伯夷・叔斉をお互いに仁を為そうと求めて、仁を為し得たと褒め称えた孔子の態度を踏まえ、父子相争うことをするような衛君の出公輒に対する孔子の姿勢、すなわち「孔子は衛君の出公輒を助けない」という答えを悟ったのでした。

このエピソードの趣旨としては、孔子は人として守り行うべき道徳上の基準、すなわち「仁」こそがもっとも重要と考えて、それから外れた人やその言動には与《くみ》しないというところにあるのでしょう。

それにしても、伯夷・叔斉を評する孔子の言葉「仁を求めて仁を得たり。又何ぞ怨みん」には、孔子が「仁」に対して抱く熱い思いというものが感じられはしないでしょうか。

孔子は、人の生き方とその後悔の有無を、「仁」を判断の拠り所として言い切っています。「仁（であること）を目差して仁を得る」ような生き方をすることこそが、人としてのあるべき理想像と考えている孔子の確固不動の信念が伝わってきます。そして、「仁を（為そうと）求めて、仁を（為し）得ようとすること」こそが、何の後悔もない人生になる。孔子は、そう私たちに教えているように思います。

4 司馬遷、孔子の言葉に「異議あり」

伯夷・叔斉に対する歴史上の評価、すなわち生き方として節義を貫いた人であるということは、多くの人は異論がないのではないでしょうか。

ところが、死に臨んでの伯夷・叔斉の評価について、孔子の言葉に異論を差し挟んだ人物がいたのです。誰あろう、『史記』(26)を著した司馬遷(27)です。

司馬遷は、孔子よりもおよそ四百年後の人で、『史記』「伯夷列伝」を記して、その中で、孔子が伯夷・叔斉を評した「又何ぞ怨みん」の語に対して、「余、伯夷の意を悲しむ。軼《いっ》詩《し》(28)を睹《み》るに異なりとすべし」と述べています。

すなわち、「伯夷の心中を察すると心が痛まれてならない。孔子の見解には賛同しかねる」というのです。その理由の根拠として、二人が死に臨んでつくった次の歌「采薇《さいび》の詩」を挙げています。

彼《か》の西山《せいざん》(29)に登り、其《そ》の薇《び》を采《と》る。

登彼西山兮、采其薇矣。

暴《ぼう》を以《もっ》て暴に易《か》え、其の非を知らず。

以暴易暴兮、不知其非矣。

神農《じんのう》(30)・虞《ぐ》(31)・夏《か》(32)、忽焉《こつえん》として没《お》わる。

神農・虞・夏、忽焉没兮。

われ安《いず》くにか適帰《てきき》せん。

我安適帰矣。

于《あ》嗟《あ》徂《ゆ》かん、命之《こ》れ衰えたり。

于嗟徂兮、命之衰矣。

伯夷と叔斉は、その死に臨んで、時勢の誤りを嘆いています。だから、司馬遷は、怨みなく死んだわけではないと言っているのです。

しかし、「仁を求めて仁を得たり。又何ぞ怨みん」という孔子の見解に疑問を呈した司馬遷の前に、もし孔子がいたとしたら（もちろん実際には時代が違うのですが）、何と言ったでしょうか。

その答えになりそうな言葉を『論語』の中で探してみると、おそらくこんな言葉を司馬遷への返答にあてたかもしれません。

志士仁人、無求生以害仁。

志士仁人《ししじんじん》は、生を求めて以て仁を害すること無し。

有殺身以成仁。（衛霊公篇）

身を殺して以て仁を成すこと有り。

志士（仁の徳を完全に保とうと志す人）、仁人（仁徳を完成し身に備えた人）である以上は、徒《いたずら》にも生を願って仁を損なうようなことはなく、たとえ身命を賭しても仁を全うするのだ、という意味です。

孔子のこの言葉は、仁を損なわず、成し遂げるような生き方を説明したもので、しかるべき場合には、命に代えても「仁」を求めて得る生き方自体に意義があることを、孔子も示しています。

朱熹は、孔子のこの言葉について、「理当《まさ》に死すべくして生を求むれば、則ち其の心に於《お》いて安からざること有り。是れ其の心の徳を害するなり。当《まさ》に死すべくして死せば、則ち心安らかにして徳全し」（『論語集註』）と言っています。

すなわち「道理に照らし、まさに死ぬべきに当たってかりそめにも生を願うと心が安らかならざる状態になるが、これは仁を損なっているのである。死ぬべき時に当たって決然と死ぬからこそ、心が安らかな状態になって仁も保全される」と解しているのです。

ここで言う「心安らか」な状態とは、心にわだかまりのない、すなわち後悔のないことを意味するとは考えられないでしょうか。

伯夷・叔斉に対して「仁を求めて仁を得たり」と評する具体的な内容が、国を譲り合ったことなのか、武王を諫《いさ》めて信念を貫いたことなのかはさておき、ただどちらを指すにしても、伯夷・叔斉の節義にもとづいた行為を表すことには変わりがありません。つまり、それは道理というにふさわしく、結果として死に至ったことは、死ぬべきときに死んだといえるものであって、心に後悔はなく、仁を守り抜いたことになるでしょう。

朱熹は「仁」を守りぬけたかどうかを死という観点から説いて、「道理として死すべくして」と注解していますが、『論語』の「朝聞道、夕死可矣。（朝《あした》に道を聞かば、夕べに死すとも可なり。）」[33]（里仁篇）の「夕死可矣」については、「生順死安」、すなわち「生きては理に順《したが》い、そして死に当たっても理に安んずる」と説いています。

つまり、生と死との均衡をはかるという観点から、「夕べの死」のことも意識しつつ、生を前提とする立場を表明しているのです。

先に挙げた「志士仁人、無求生以害仁。有殺身以成仁」についても、朱熹が門人たちに説き示した言説を集めた『朱子語類』という書物の中で、「死生ともに重要な局面の一環であり、人は事の大小を問わずに、普段の生活の中において努力すること」と説いていま す。

ただ、孔子の言葉自体に、徒《いたずら》に生に執着することをたしなめ（反省を促し）、ときには身命を投げ打つことを是認する思いが感じられるのも事実です。徒に生きることへの反省は、虚しくは生きないということであり、そしてそれは、言い換えれば、死ぬべきときには死ぬという道理でもあるのです。

孔子の言葉は、実質的な内容として、「仁」の実現のためには虚しくは生きない（ときには殉ずる）というところにあったのです。実は明の王陽明も、「志士仁人」の章について問われて、「身命は確かに大切です、大切ですが、そのことだけにとらわれて、死ぬべきであるのか、そうでないのか考えずに徒に命を保つことは、天の道理に背くことになり、そんな人間は禽獣《きんじゅう》に等しい」と答えています。陽明もやはり自己の死生よりも大切なものが、ときにはあるのだということを、厳しい言葉で表明しているのです。

5　後悔のない生き方をめざして

『論語』といえども、人生への問いの答えをすべて用意しているわけではありません。しかし、人が本来いかに考え、いかに生きたらよいのか、その答えを見つける手がかりとなる、示唆に富んだ内容を含んだ文章が、一見すると無作為で断片的とも思えるように並べられ、そして集められています。

たとえば孔子は、「仁」という、人として理想的なあり方や行為の方向性をもつものを実現すること、あるいは、教えの根本として志し、それを行うことを説いています。つまり、「仁を求め仁を得る」ことを人生における後悔の有無の判断基準として考えたのです。後悔のない生き方を願うならば、孔子のように「仁」を求め、「仁」を得ることを志し、それを生きる目的としてもよいかもしれません。しかし、心しておくべきは、その目的を達成することがゴールなのではないということです。「仁」を「求めて得る」というその姿勢（に学ぶこと）こそが大切なのです。

志したものを求め、志したものを得られるように行動し続けていれば、たとえその身を犠牲にするような状況に陥ったとしても、「そこには後悔の念はない」ということになるのではないでしょうか。山に立ち向かつた登山家・加藤保男さんがおそらくそうであったように……。

ただし、普段の平穏な生活の中で、命の危険に身をさらす場面はそうあることではありません。志を成し遂げるために命を犠牲にするというのでは、人間の尊厳にもとることになります。仮に死に直面したとしても、その死の間際に道理上の是非を判断することも難しいことだと思います。

ならばいっそ「死」は棚に上げて、「生」に目を向ける。「虚しくは生きず」を心に刻み、何事に対しても、「もうこれで後悔することは何もない」と思えるように全力をそそぐ。そんな生き方を実践することが、まさに「以《もっ》て瞑《めい》すべし」ということになるのではないでしょうか。

さてここで、本章の冒頭で触れた、登山家・加藤保男さんへの追慕の思いに話が戻ります。加藤さんは、弱冠三十三歳という年齢で、エベレスト登頂を果たしながら、その下山中に消息を絶ってしまった。はたして加藤さんは、自分の生き方に、後悔の念はなかったのか。そんな疑問を、孔子の「仁」への思いに重ねて考えてみたいというのが発意でした。

ここまで、みなさんと一緒に考えてきて、私としては、その疑問を解きほぐすヒントが得られたように思います。

加藤さんの生きざまを、孔子の言葉に置き換えるなら、こんな言い方ができるかもしれません。

「山を求めて山を得たり、何ぞ怨むことがあろうか」

もちろん、人にはさまざまな感情や思いがありますから、身近な人が亡くなれば、悲しいものです。夭逝《ようせつ》した場合なら、なおさらです。

しかし、故人本人にしてみれば、どう生きたのかが重要になってくるのです。自分が一生を懸けてでも、これだと思うものを求め、それを得ようとした人生であったのなら、その結果いかんにかかわらず、少なくとも後悔はなかった。そう言い切れるのではないでしょうか。

いつ、どんなときに「死」に直面しようとも、人は、自らの「生」の中で志をもち続けていれば、けっして後悔の念にさいなまれることはない。むしろ、満足感や幸福感を胸に抱きながら、死と向き合うことができるのではないか。そんなことを、ひとりの登山家と、そして、偉大なる思想家・孔子が教えてくれているように思います。

注

（1）加藤保男…一九四九～一九八二。埼玉県出身。消息を絶ったのは、三度目のエベレスト登頂成功後のこと。

（2）武王…殷《いん》の紂王《ちゅうおう》を牧野《ぼくや》の戦いで破り、周王朝を建てた。

（3）伯夷・叔斉…伯夷と叔斉は、中国殷代末期の孤竹国の兄弟の王子。殷を倒して建国した周の禄を受けることを潔しとせず、隠遁して餓死した。

（4）およそ五百章ありますが…数え方によっては四百九十九章、一説に四百九十二章、あるいは四百八十七章ともいわれる。

（5）樊遅…?〜?。名は須、字《あざな》は子遅。孔子よりも三十六歳の年少。

（6）「仁」はひと言では言い難いほど、とても奥が深いということです…他に、「家では慎み深く、仕事は過失がないように、人とは真心をもって交際するように」「仁者は難しい事柄を進んで行い、その効果の程について考えることは後回しにする」などと説いている。

（7）孟子…BC三七二?〜BC二八九。姓は孟、名は軻《か》。戦国時代中期の人。後に儒教の正統を継ぐとの評価を得た。性善説が有名。

（8）朱熹…講座1の（25）を参照。

（9）仲弓…講座1の（17）を参照。

（10）子貢…講座1の（19）を参照。

（11）曽子…講座1の（6）を参照。

（12）夫子…先生に対する敬称。孔子門下、儒家では孔子のことをさす。

（13）老荘的…老荘思想は、『老子』『荘子』に説かれた思想。魏晋《ぎしん》南北朝期の貴族社会で特に流行した。

（14）程伊川…一〇三三〜一一〇七。名は頤《い》。北宋の儒学者。兄・顥《こう》とともに、「二程子」と呼ばれ、朱子の思想に強い影響を与えた。

（15）堯…中国古代の伝説上の帝王で、帝位をついだ舜とともに、堯舜と併称される。

（16）舜…講座2の（7）を参照。

（17）『荘子』…講座1の（7）を参照。

(18) 万物斉同…天地間のあらゆるものは価値としてすべて斉《ひと》しく同じであるという荘子の考え方。
(19) 程明道…一〇三二～一〇八五。名は顥《こう》。明道先生と称され弟・頤《い》とともに「二程子」と呼ばれる。
(20) 王陽明…講座1の(29)を参照。
(21) 「良知」説…陽明学では「良知」を最大限まで発揮すること（致良知）を重視する。
(22) やがて孔子にいたって、理想とすべき生き方の指針として重要視されるようになったとされています…
竹内照夫『仁の古義の研究』（明治書院　一九六四）
(23) 衛の君…?～BC四六九。名は輒、先代・霊公の孫、出公のこと。
(24) 殷…BC十七世紀頃～BC一〇四六?。古代中国の王朝。「商」とも呼ばれる。
(25) 紂王…BC一一〇〇頃。殷代最後の帝王。暴虐な政治で人々を苦しめ、周の武王に滅ぼされたとされる。
(26) 『史記』…司馬遷の編纂した紀伝体のスタイルで書かれた中国の歴史書。
(27) 司馬遷…BC一四五か一三五～八七か八六。前漢時代の歴史家。
(28) 軼詩…現在残っている『詩経』に納められていない詩。
(29) 西山…伯夷・叔斉が隠棲し餓死した山として知られる首陽山のこと。
(30) 神農…古代中国の神話・伝説に登場する皇帝。
(31) 虞…舜のこと。
(32) 夏…中国古代の夏王朝のこと。

《参考文献》

『論語新釈』（宇野哲人　講談社学術文庫　一九八〇）

『新釈漢文大系1　論語』（吉田賢抗　明治書院　一九六〇）
『論語上・下』（吉川幸次郎　朝日新聞社　一九九六）
『中国思想史(上)(下)』（森三樹三郎　第三文明社　一九七八）
『孔子全書　第3巻　論語(3)』（吹野安・石本道明訳注　明徳出版社　二〇〇〇）

志あるところに、道あり

●講座4 ―孔子と人間の可能性―― 久米晋平

千葉大学・大東文化大学
文学部非常勤講師

1　訳注者が選んだ注釈書にも留意

中学生のとき、携帯していた生徒手帳に「志あるところ道あり」という言葉が記されていました。当時の私は、〈志〉や〈道〉について特に深く考えていたわけではありませんでしたが、この言葉に触れると、なぜか、自分には無限の可能性が広がっているような気分になったものです。心の底から、自信めいたものが湧いてくるのです。

志あるところ道あり――この言葉に込められたものは何だったのか？　そのヒントになる言葉が、『論語』の中にはたくさんあります。一例を挙げてみましょう。

子曰わく《い》、吾《われ》十有《ゆう》五にして学に志す。

子曰、吾十有五而志于学。

三十にして立つ。四十にして惑わず。

三十而立。四十而不惑。

五十にして天命を知る。六十にして耳順《したが》う。

五十而知天命。六十而耳順。

七十にして心の欲する所に従えども、矩《のり》を踰《こ》えず。

七十而従心所欲、不踰矩。（為政篇）

この発言は、『論語』の中でも晩年の孔子が自らの人生を振り返って述べたものとしてよく知られています。倉石武四郎の口語訳ではこうなります(1)。

先生「わたしは十五歳で学問にこころざし（いつも心を学問に寄せておこたることがなく）、三十でひとりだちができ（かたくまもってゆけるからわざわざこころざすこともいらなくなり）、四十でまよわなくなり（事物の道理がはっきりとわかるからわざわざまもることもいらなくなり）、五十で天命（天の道がおこなわれて万物に分かちあたえられたもの、つまり物事のさもあるべき道理）をさとり（さとりがひらけた以上まようこともなくなってしまい）、六十で人のことばをすなおに聞き（人の声が耳からまっすぐに心にとおって、どこにもつかえることがない、さとりもここまで来ると、わざわざかんがえることもいらず、自然に身についてくる)、七十になっては心ののぞむままにしても、度(ものさしや定規、物の切りめきまりになるところ)を過ごさなくなりました(ただ落ちついてやるだけのこと、無理をせずにとおってゆける)。」

太字部分は書き下し文に相当し、カッコ部分は孔子の発言を理解するための補足的説明で、儒教の中興の祖ともいわれる朱熹《しゅき》(2)の『論語集註《しっちゅう》』という注釈書に基づいています。注釈書とは、『論語』原文に対する注や解釈を施したもので、先人たちの読解の跡が示された書を指します。なぜこのような引用の仕方をしたのかも含め、いささか説明する必要があります。

通常、私たちが『論語』を読む場合、古典中国語で書かれた『論語』原文よりも、原文の書き下し文や現代語訳が示された書(以下、訳注書)を用いるかと思います。現在に至るまで、日本では数多くの『論語』訳注書が出版されていますが、本章で用いる倉石武四郎訳『論語・口語訳』は『論語集註』に基づいた現代語訳が示されているところに最大の特色があります。

一方、倉石のものと性格を異にする訳注書としては、金谷治訳注の『論語』[3]が挙げられます。その冒頭に掲げられた「凡例」には、『論語』の原文と書き下し文の拠《よ》りどころや、現代語訳についてなど、訳注を作成するにあたっての金谷の基本姿勢が示されていますが、その中で、次のように書かれています。

> 解釈では、魏《ぎ》の何晏《かあん》の「集解《しっかい》」（古注）、後漢の鄭玄《じょうげん》注[4]（鄭注）、宋の朱熹《しゅき》の「集注《しっちゅう》」（新注）のほか、主として清の劉宝楠《りゅうほうなん》の「正義」、潘維城《はんいじょう》の「古注集箋」、王歩青の「匯参《かいさん》」、わが伊藤仁斎の「古義」、荻生徂徠の「徴」を参考し、奇説をさけてつとめて穏当を旨とした。

金谷氏は、何晏の『論語集解』や、鄭玄の『論語注』、朱熹（朱子）の『論語集註』をはじめ、伊藤仁斎の『論語古義』、荻生徂徠の『論語徴』といった、先人たちの注釈書を参考にしたと述べています。金谷氏が参考にした注釈書は、いずれも広く読み継がれてきたものばかりです。

つまり、われわれが訳注書を読むということは、訳注者の見解はもとより、訳注者によって選択された歴代の注釈書にも触れていることになります。本章では、この観点を重視したいと思います。

従って、本章における『論語』の引用は、『論語集註』に基づく宇野哲人『論語新釈(5)』および倉石武四郎訳『論語・口語訳』を使用し、内容を理解する補助資料としては、二松學舍(6)の創立者である三島毅(7)の『論語講義(8)』および二松學舍の舍長を務めた渋沢栄一(9)の『論語講義(10)』を活用します。

二つの『論語講義』を選択したのは、三島が「余が論語を講ずるは、主として朱熹集註に拠る」と述べており、渋沢『論語講義』が、その構成要素の多くを三島『論語講義』に拠っていると考えられるからです。先人の訳注書を活用することによって、私たちが『論語』とどう向き合えばよいのか、そのモデルを提示したいとの考えにもよるものです。

2　三者三様の解釈がある「志」

〈志〉について、孔子には先ほど紹介した「吾《われ》十有《ゆう》五にして学に志す」のほか、次のような発言もあります。

道に志し、徳に拠《よ》り、仁に依《よ》り、芸に游《あそ》ぶ。

志於道、拠於徳、依於仁、游於芸。

（述而篇）

三軍は帥を奪うべし。匹夫《ひっぷ》も志を奪うべからず。

三軍可奪帥也。匹夫不可奪志也。

（子罕篇）

つまり、「志す」対象として〈学〉や〈道〉がすえられ、それらに向き合おうとする意志はとても強いものだったのです。「志す」という行為にあって、〈学〉や〈道〉が強く意識されていることは注目しておきたいところです。

もうひとつ〈志〉についての言及を紹介しましょう。

『論語』公冶長篇には、孔子の側に門下生である子路(11)と顔回(12)とが侍《はべ》っていたとき、孔子から「そなたたちの志を言うてみよ」と発言を促された両人が〈志〉を述べる場面がありま す。まず子路は、次のように言います。

願わくは車馬衣軽裘《しゃばいけいきゅう》を、朋友と共にし、之を敝《やぶ》るも憾《うら》みなけん。

願車馬衣軽裘、与朋友共、敝之而無憾。

馬車を駆りかるい毛皮（かるくてあたたかい毛皮の着物）を着るのも（こうしてドライヴすることは当時の壮快なあそびであったが）友だちといっしょで、たとい（それが）いたんでもくやまぬようにとぞんじます。

自分のものである馬車、毛皮を友だちにも貸し、もしも彼らが壊してしまったとしても不平を言わないという〈志〉です。
ついで顔回は、次のように言います。

願わくは善に伐《ほこ》るなく、労を施《おお》いにするなけん。

願無伐善、無施労。

よいこと（はたらきがあること）をほこらず骨折ったことをいいひろめぬようにとぞ

んじます。

これは、自分の能力を他人と比べて誇ることはせず、面倒なことを行ってもそれを威張らないという〈志〉です。

さらに子路から「先生のお志をうかがいたいとぞんじます」と懇願された孔子は、自らの〈志〉を次のように述べたのでした。

老者安之、朋友信之、少者懐之。（公冶長篇）

老者は之を安んじ、朋友は之を信じ、少者《しょうしゃ》は之を懐《なつ》けん。

年寄は安心させ、友だちは信頼させ、わかいものをばなつけることです。

三者の〈志〉をどう受け止めるのか、それは私たち読者に任されているのですが、朱熹は孔子が示した〈志〉を「聖人の所為《ふるまい》」（『論語集註』当該章に引く二程(13)の語）として、子路・顔回との違いを見出しています。なぜ、孔子の〈志〉が「聖人の所為」なのか、三島毅の

「講義」で確認してみましょう。

三人倶《とも》に物と私《わたくし》無きは則《すなわ》ち同《おなじ》きも、但《ただ》子路は朋友に止《とど》まり、顔子《がんし》は朋友に止まらず、稍《やや》ゝ大なり。孔子は則ち、己《おのれ》より老いたる者と、己の同輩、己より少《わか》き者と、逢《あ》う所《ところ》皆之《こ》れに接するに道を得たり、最大たる所以《ゆえん》なり。

三者の〈志〉は、物に対する私欲がないこと、人を対象としていることが共通しているので、本質的に同じものといえます。しかし、三島は、子路の〈志〉に比べて顔回の〈志〉については「稍《やや》ゝ大なり」、子路・顔回の〈志〉に比べて孔子の〈志〉については「最大」と述べ、違いを見出しています。〈志〉の大きさが違うのです。

子路は朋友との関係だけを述べていますが、顔回はそれだけではなく、自身の在り方についても述べています。ですから、三島は「稍ゝ大なり」と見なしたのでした。

一方、孔子は年長者、同輩、年少者との理想的な接し方を〈志〉として掲げています。三島に従えば、理想的な接し方とは〈道〉にほかなりません。子路・顔回の〈志〉に比べ、孔子の〈志〉からは〈道〉を見出すことができる。これが孔子の〈志〉の「最大たる所以《わけ》」

なのでした。

あなたはどの〈志〉に共感できますか。三者それぞれの〈志〉は、現在を生きる私たちにとっても必要であることは間違いありません。

3　孔子の「自己紹介」から人物像を探る

孔子に対して、あなたはどのようなイメージをもっているでしょうか？

私の手元にある『新潮国語辞典』(14)には「世界の四聖の一人」とあります。孔子が釈迦、キリスト、ソクラテスと並んで聖人と称されているのは一般的な認識であると思います。ところで、孔子はそもそも自らをどのように見ていたのでしょうか。『論語』には次のような発言が見られます。

子曰、我非生而知之者。

子曰わく、我は生まれながらにして之を知る者に非《あら》ず。

古《いにしえ》を好みて敏《びん》にして以《もっ》て之を求むる者なり。

好古敏以求之者也。（述而篇）

先生「わたくしは生まれつき物がわかる（勉強しなくてもよいほど物が分かる）のではありません、ただ昔のことをこのんで、せっせと研究しただけのことです。」

「生来物事がわかるのではありません」とはっきり否定している点が注目されます。もしあなたが、孔子からこのように言われたらどう感じますか？

・「正直だな」と素直に思う。
・「生まれつき物がわかっているのだから、謙遜したんじゃないか」と疑問を抱く。
・「孔子も自分と同じ人間なんだな」と自分に引きつけてやる気を起こす。
・「孔子の発言には何か教えがあるはずだ」と孔子の真意を探ろうとする。

という具合に、受け止め方は十人十色でしょう。もちろん、どれが正解というわけではありません。

ちなみに「生まれつき物がわかる」について、孔子は次のように述べています。

生まれながらにして之を知る者は上《じょう》なり。

生而知之者上也。

学んで之を知る者は次なり。

学而知之者次也。

困《くる》しんで之を学ぶは又《また》其《そ》の次なり。

困而学之者又其次也。

困しんで学ばず、民《たみ》斯《これ》を下《げ》となす。

困而不学、民斯為下矣。（季氏篇）

つまり、人としての最高ランクと見なしています。右の発言を併せて考えると、「生まれつき物がわかるのではありません」とは、孔子の素直な感想なのかもしれません。しかし、時代が下るにつれ、「孔子の発言には何か教えがあるはずだ」と受け止められるようになりました。その一例として、渋沢栄一の『論語講義』を引いてみましょう。

この章は孔子自らいうて学を弟子に勧むるなり。孔子が何故にかく自ら言うというに、蓋《けだ》し蚕時の人孔子の聖徳《せいとく》を称揚して生知《せいち》となせり。ゆえに孔子これに語《つ》げていう「我固《もと》より生れながらにしてこれを知るにあらず。古《いにしえ》の聖賢《せいけん》の道を好み、汲々《きゅうきゅう》と勤めてこれを求めたる者なり」。何人《なんぴと》にても我がごとくに学を好み勉励すれば、また我の地位に躋《のぼ》らざる者なしの意は言外にあり。古えを好むというは、徒《いたず》らに古事を好むにあらず。古えの善事にあらざれば、今の手本にすべき好《こう》模範なればなり。それ大聖《たいせい》孔子といえども、修業を積んで漸《ようや》く彼《かく》のごとくなられたのである。されば我々凡夫は、一層深き修業をつまねば、一人前の人間には成り得られぬものである。

この章について、渋沢は弟子に向けて学問をすすめる発言であると説明しています。しかし、孔子の（述而篇の）発言を見る限り、〈学〉の字は見られません。孔子の発言が〈学〉と結び付く根拠としては、何晏《かあん》の「このように言うのは、人に学を勧めるためだ」（『論語集解』）が考えられます。

また渋沢は、なぜ孔子自ら「生まれつき物事がわかるのではありません」と発言をしたのかについて、当時の人たちが孔子を「聖徳」とほめたたえて、「生まれつき物事が分かる」人であると見なしていたからだと説明しています。この説明の論拠のひとつとしては、伊藤仁斎(15)の「当時の人は、夫子《孔子》を以《もっ》て、生知にして学に由《よ》らずとなす者あり。故に此《これ》を言ひて以て人に暁《さと》す」（『論語古義』）が考えられます。

つまり渋沢は、「生知」とされる孔子が自ら「生まれつき物事がわかる者ではない」と否定したことをとらえ、学ぼうする限り、どんな人でも私のようになれると言外に示したと理解したのでした。要するに、私たちを励ましているとみなしているのです。孔子は単に「生まれつき物事がわかる者ではない」と述べただけですが、渋沢はじめ、歴代の注釈者からは「孔子の発言には何か教えがあるはずだ」という思い入れが伝わってきませんか？「大聖孔子」でさえ相当の努力をしたのだから、私たちがさらなる努力をするのは当たり前のこと。渋沢の受け止め方は真剣そのものと言えます。

4　力足らざる者――「しない」と「できない」の違い

「弟子はおよそ三千人、その中でも礼と楽《がく》と射《しゃ》と御《ぎょ》と書と数《すう》という六芸《りくげい》に通じたものは七十二人あった」（『史記』孔子世家）と記されているように、孔子には多くの門下生がいました。その中でも特に優れた者について、次のような発言が見られます。

子曰、従我於陳蔡者、皆不及門者也。

子曰わく、我に陳蔡《ちんさい》に従う者は、皆門《みなもん》に及ばず。

徳行顔淵・閔子騫・冉伯牛・仲弓。

徳行《とくこう》には顔淵《がんえん》・閔子騫《びんしけん》・冉伯牛《ぜんはくぎゅう》・仲弓《ちゅうきゅう》。

言語宰我・子貢。

言語には宰我《さいが》・子貢《しこう》。

政事には冉有《ぜんゆう》・季路《きろ》。

政事冉有・季路。

文学には子游《しゆう》・子夏《しか》。[16]

文学子游・子夏。（先進篇）

先生「わたくしについて陳や蔡に行ったものは、もう一人も手元におりません。」（むかしの難儀のことをかんがえるにつけても、その時におともしていた門人たちのことをおもいだされたのである）徳行では顔淵・閔子騫・冉伯牛・仲弓。言語では宰我・子貢。政事では冉有・季路。文学では子游・子夏（門人が孔子のことばにちなんでこの十人をあげ、その特長によって四つに分類したのであるが、これにつけても孔子がそれぞれの特長を生かして教育したことが分かる）。

つまり、「徳行」「言語」「政事」「文学」の四つの分野にそれぞれ長《た》けた門下生十名が記されているのです。これが、「四科十哲」という語の出どころです。

このように、孔子の門下生は多士済々でしたが、彼らに対し、孔子はどのように教えていたのでしょうか？　「政事」に長けていた冉有（冉求、求とも）と季路（子路、由とも）とがそれぞれ孔子に「聞いたらすぐにおこなうものでしょうか」と同じ質問をしたところ、季路には「父兄といったかたがおられるのに、どうしてまた聞いてすぐおこなえましょう」と答え、冉有には「聞いたらすぐおこないなさい」と答えました。

両者への回答が異なることに疑問を持った、いまひとりの門下生である公西華《こうせいか》(17)からその理由を問われ、孔子は次のように答えたのでした。

求《きゅう》や退く、故に之を進む。由《ゆう》や人を兼《か》ぬ、故に之を退く。

求也退、故進之。由也兼人、故退之。（先進篇）

求君はひっこみ思案ですから引きだしたのですし、由君は人の上に出ますから押さえたのです。

先ほど、「三者三様の解釈がある『志』」において、子路、顔回、孔子がそれぞれ〈志〉

を述べる場面を紹介しましたが、孔子に〈志〉を述べさせたのは子路でしたね。やはり積極的な人のようです。そんな彼に対し、孔子は抑制させる意図をもって述べていたことがわかります。

いまでもそうですが、子路のような積極的な人は何事にも自分で進もうとするものです。問題なのは、冉有のような消極的な人をどう前進させるかです。消極的な人に対して、孔子はどう接したのでしょうか。

孔子と冉有（冉求）とのやりとりを材料にして考えてみましょう。

冉求《ぜんきゅう》曰わく、子の道を説《よろこ》ばざるにあらず。力足らざるなり。

冉求曰、非不説子之道。力不足也。

子曰わく、力足らざる者は、中道にして廃す。今女《なんじ》は画《かぎ》れり。

子曰、力不足者、中道而廃。今女画。（雍也篇）

冉求「先生の道がうれしくないのではありません。力がたりない（すすみたくてもすすめない）のです。」先生「力がたりないものは中途まで来て投げだしますが、いま君は（まだすすめるのに）見かぎりをつけてしまった。」

冉求は、孔子が示した〈道〉を学びたいとは思っているけれども、自分にはその力が足りない、と告白しています。自分を正直に「力の足りない者」と見なしたこの告白は、謙虚なものとしてほめられてもよさそうです。

しかし、孔子の受け止め方は違いました。冉求は「力が足りない」から前進できないと考えていますが、孔子がいう「力の足りない者」とは、「中途まで」は前進する者を指します。孔子に従えば、冉求の告白は「力の足りない」ことを言い訳にして、ただ「しない」だけのことであって、けっして「できない」ではないのです。

あなたはこのやり取りから何を感じるでしょうか？

以下、このやりとりについて、「子、冉求《ぜんきゅう》の自ら画《かぎ》るを咎《とが》むるなり」と、孔子が冉求の消極的な態度を叱ったとみなす三島毅の「講義」を引用し、ポイントを整理してみましょう。

まず三島は、冉求の心持ちを「吾《われ》は夫子《ふうし》の道を企慕《きぼ》して得んことを欲せざるにはあらざれども、吾《われ》の精神力量之《こ》れを得《う》るに足らざれば、如何《いかん》ともせん方《かた》なし」と説明しています。自らの精神力不足が、孔子が示した〈道〉の獲得を阻んでおり、何とも手立てがないと途方にくれた様子だというのです。

続けて三島は、次のように「講義」を進めます。

> 孔子聞きて之《こ》れを咎《とが》めて曰《い》ふ、之れを道に行くに喩《たと》ふれば、力の足らざる者は、半《はん》途《と》にて疲廃困頓《ひはいこんとん》して起《た》つ能《あた》はざるなり、今汝《なんじ》は力の足らざるに非《あら》ず、自ら地を画《かぎ》りて止《とど》まり、其《そ》れより前へは進まずとする者なりと。蓋《けだ》し求《きゅう》也《ヤ》退《しりぞク》故《ゆえニ》進《すすム》レ之《これヲ》の意なり、前に有《あランカ》三能《よク》一日《いちじつ》用《もちフルコト》二力《ちからヲ》於レ仁《じんニ》矣乎、我《われ》未《いまダ》レ見《み》二力《ちからノ》不《ざル》レ足《たラ》者《ものヲ》一とあるに参《さん》して看《み》るべし、道は己《おのれ》に在り、修めざれば則ち已《や》む、修むれば則ち得《う》、何ぞ力の足らざることかこれあらん。

冉求の告白を聞いた孔子は、怒りがこみ上げてきたのでしょう。繰り返しになりますが、孔子がいう「力の足りない者」とは、冉求が言い訳に使ったそれとは全く違います。道路を歩行することに例をとれば、たとえ道半ばであっても全力で進み、もう起き上がることができないほどの状態の者が「力の足りない者」なのです。「力の足りない」ことを言い訳にした冉求の態度は、歩み出す前から「できない」と自らの力を限定して歩みを止めています。孔子はこの態度を叱ったのだと、三島は「講義」したのでした。

マラソンや登山の例を出すまでもなく、私たちも目標を掲げた以上はゴールしたいと思うものです。しかし、取り組む前から「できない」と言ってあきらめてしまうのでは、結局、冉求の態度と同じになってしまいます。

さらに三島は「道は己に在り、修めざれば則ち已む、修むれば則ち得《う》」と述べています。〈道〉は他でもなく自身に存在するものととらえているのです。前述の「2　三者三様の解釈がある『志』」において、孔子の〈志〉――年寄は安心させ、友だちは信頼させ、わかいものをばなつける――が〈道〉に合致すると理解されていたことからもわかるように、〈道〉とは特別なものではなく、日常生活の中に存在するものとも言えるのです。〈道〉を修得するもしないも、自分次第であると理解することができれば、あとは実践あるのみです。

孔子の冉求に対する叱責は、たとえ完遂できなくとも、少しずつでも実践し続けることの大切さを教えているのではないでしょうか。

5　志を掲げれば、そこに必ず「道」がある

本章では「志あるところ道あり」に込められたものを『論語』に探ってみようと思い立ち、そのヒントと思われる言葉を紹介してきました。最後に、まとめにかえて、次のことばを紹介したいと思います。

子曰わく、譬《たと》えば山を為《つく》るが如し。

子曰、譬如為山。

未だ成らざること一簣《いっき》にして、止《や》むは吾《わ》が止むなり。

未成一簣、止吾止也。

譬《たと》えば平地の如し。一簣を覆《くつがえ》すと雖《いえど》も、進むは吾が往くなり。

譬如平地。雖覆一簣、進吾往也。（子罕《しかん》篇）

先生「たとえば山をつくるようなもので、もう一《ひと》もっこでできるという所でやめるのも（書経《しょきょう》の中に『九仞《きゅうじん》の山をつくりて、功を一簣《き》（ひともっこ）に欠く』ということばがあるので、孔子《こうし》はこういわれたのであるが、それも）自分がやめるのです。たとえば地面をならすようなもので、一もっこだけあけても、すすむのは自分があゆんだのです。（すこしずつでもおこたらず積みかさねたらよいので、もし途中でやめたら前からの骨折《ほねおり》はむだになってしまう、それに、やめるのもあゆむのも自分のこと、他人にたよってはおられない。）」

孔子は「山を築く」「地面をならす」作業から何を教えているのでしょうか？

「山を築く」場合、シャベルでせっせと土を積み上げていけば、いずれ山になります。「地面をならす」場合も、せっせと土を運んでいけば、いずれ平地になります。山が完成する直前で土を積み上げる作業をやめるのも、平地にすべく高い山にひとくわ入れる作業を進めるのも、すべて自分の行動そのものなのです。

「山を築こう」「地面をならそう」と〈志〉を立てたならば、完成された姿を胸に抱いて少しずつでも作業をし続ける。〈志〉を掲げている以上、そこには〈道〉が存在しているというのです。

さて、あなたはどう考えるのでしょうか?

注

(1) 倉石武四郎の口語訳ではこうなります…『論語・口語訳』(倉石武四郎 筑摩書房 一九七〇)による。ここでは読みやすさを考慮し、『論語』本文に相当する部分は太字に改め、補足に相当する部分はカッコ内に収めた。
(2) 朱熹…講座1の注(25)を参照。
(3) 金谷治訳注の『論語』…岩波文庫、一九六三年初版、一九九九年改訳。
(4) 鄭玄…講座1の注(8)を参照。
(5) 宇野哲人『論語新釈』…講談社学術文庫(一九八〇)。読みやすさを考慮し、字体、送り仮名など、適宜改めた。
(6) 二松學舎…明治十年(一八七七年)に漢学塾としてスタートし、昭和三年(一九二八年)に専門学校となり、昭和二十四年(一九四九年)に大学となる。
(7) 三島毅…一八三一~一九一九。倉敷出身の幕末~明治期の漢学者。中洲は号。
(8) 三島毅の『論語講義』…明治出版社(一九一七)。

（9）渋沢栄一…一八四〇～一九三一。明治～昭和初期の実業家だが、漢学の教養も高かった。青淵は号。

（10）渋沢栄一の『論語講義』…財団法人二松學舍出版部刊・全二冊（一九二五）。ほかに明徳出版社刊・全一冊、講談社学術文庫・全七冊あり。

（11）子路…孔子の弟子のなかではもっとも元気のよい人物で、姓は仲、名は由、字《あざな》は子路。孔門十哲の一人で政事に優れていた。

（12）顔回…顔淵のこと。講座1の注（14）を参照。

（13）二程…北宋の儒学者である程顥《ていこう》（一〇三二～一〇八五）と程頤《ていい》（一〇三三～一一〇七）の兄弟をさす。朱熹《しゅき》に影響を与えた。

（14）『新潮国語辞典』…山田俊雄・築島裕・小林芳規・白藤禮幸編修『新潮国語辞典―現代語・古語―第二版』（新潮社　一九九五）

（15）伊藤仁斎…講座1の注（34）を参照。

（16）子游・子夏…それぞれの弟子については講座1の注（14）～（23）を参照。

（17）公西華…名は赤で、華は字。儀礼に通じた。

むかしの読み方で『論語』を読む

●講座5

―論語読み・事始め―

町泉寿郎
二松學舍大学文学部
中国文学科教授

1　読み方が確立したのは百年前

「むかしの読み方で『論語』を読んでみよう」というのが、この講座5のテーマです。ここで私がお話しする「むかし」とは、百年以上前のことだと考えてください。「ええー、『論語』はもっとずっと昔にできたものじゃないか?」と思う人も多いかもしれませんね。

いまから約百年前の一九一二年、元号で言えば明治四十五年、明治天皇が七月三十日にご崩御されて大正元年になった年に、現在私たちが高等学校や中学校で習っている漢文の読み方に関する基準ができました。

その基準とは、当時、東京帝国大学で中国の思想を教えていた服部宇之吉[1]という先生が中心になってまとめた「漢文教授ニ関スル調査報告」[2]です。この基準によって、それまでの漢文の読み方がガラッと変わったというわけではありませんが、学校の教育で習う漢文の読み方が、このとき初めて定められたのです。それが百年後のいまも基本的には生きています。

そういう意味で、現在の漢文の読み方のルーツは百年前にあり、それより前には、いまとは違った漢文の読み方があった可能性があります。

実は、私は『論語』が本来どういう性格の書物であったか、またその中に収められている文章が本来どういう意味であったかは、正確には解き明かせない問題だと考えています。ですから、紀元前六世紀の中国人である孔子の思想というものも、私は簡単にはわからない。少なくとも私の『論語』という書物に対する興味・関心からは、そういった原義（もともとの意味）を明らかにすることはできません。

内容から言うと、『論語』は難しいといえば難しいし、易しいといえば易しい書物です。孔子は二千五百年も前の人であり、しかも、ほとんどは孔子が周囲の人に語った非常に短い言葉ですから、何とでも解釈できます。『論語』に集められている言葉がどのような社会背景や状況のもとで発せられたかという点になると、これはもう絶望的です。

しかし、「だいたいの意味」ということで言えば、話は別です。ほとんどが、社会を指導する立場にいる人にとっての人間関係か学問に関することで、まぁ、当たり前といえば当たり前の内容で、何を言っているのかサッパリわからないというような難解な話はあまりありません。

だから私自身、中学生・高校生の頃は、『論語』にことさら興味があったわけではありません。『老子』や禅語録のほうが、ずっと難しそうで、変わっていて、そして、おもしろそうだと思っていました。

老子は、『論語』に書かれているような人間関係を規定する倫理を人為的なものだと考え、人為を加える前の無為自然(3)こそが理想的な社会であると考えました。禅の教えも、師匠に何かうっかり質問すると、大声で怒鳴られたり(「喝！」)、棒でぶん殴られたりして、なんだかわけがわからないけれどもおもしろそうだと思ったりしました。

ただし私がおもしろいと思おうが、つまらないと思おうが、そんなことには関係なく、『論語』が中国・日本・韓国・ベトナムなとの漢字を使ってきた国々で、非常に長い間読まれ続けてきた書物であることは、動かしようのない事実です。

林泰輔《たいすけ》(4)という明治から大正にかけての漢文の先生は、『論語年譜』という『論語』に関する年表を作っています。その年譜は紀元前二〇二年、前漢の高祖五年から始まっていて、二千二百年間にわたりほとんど毎年のように何かしらの記事が載っています。中国古典に関する限り、こんな文献はほかにないでしょう。それほど、学問的な蓄積のある書物、いわば古典中の古典が『論語』だということができます。

2　『論語』の発音を教えていた「音博士」

『論語』と日本のつながりについては、応神天皇の十六年（西暦二八五年）に、大和朝廷と友好関係にあった朝鮮半島の百済の国から献上されたことが『古事記』『日本書紀』に載っていて、これが『論語』が日本にもたらされた最初といわれています。『古事記』『日本書紀』の古代の記事の年代については、異論も多くて、朝鮮のほうの記録と考え併せると、これは五世紀の初めのことだという説もあります。いずれにしろ、とにかく古い話です。

西暦二八五年の伝来を信じるかどうかは別として、日本に初めて伝えられたときの『論語』は経文とよばれる本文だけでなく、本文の語句を誰かが解釈した注文を含んだ形で伝えられたものと思われます。それ以前に後漢末、西暦二〇〇年頃に鄭玄《じょうげん》(5)の『論語注』ができ、二四〇年代に三国魏の何晏《かあん》(6)の『論語集解《しっかい》』ができています。

六世紀には百済から仏教が伝わります。五五〇年頃に筆写された古いお経も日本には残っていますから、これは確かなことだと思います。仏教公伝と相前後して、六世紀前半には梁の皇侃《おうがん》(7)による『論語義疏《ぎそ》』ができています。

というわけで、『論語』は仏教の経典とともに、日本に一番古く伝わった書物の一つと言っていいわけです。

先に触れた『論語年譜』で見ていくと、日本の記事が増えてくるのは、七世紀に入ってからです。

中国ではそれまで南北に分かれていた政治状況を統一して隋という王朝が西暦五八九年に誕生します。隋は広い国土を治めるために非常に整った律令制度を用いました。役人を選抜するための科挙という試験制度も隋のときに始まります。隋は四十年ほどで滅びましたが、三百年近く続いた唐の政治制度は、隋の律令制度を踏襲したものです。

隋の建国を知った大和朝廷では、推古天皇八年から二十二年、西暦六〇〇年から六一四年の間に、計六回もの遣隋使を派遣して、仏教を中心に最先端の中国文化を熱心に学びました。

王朝が唐に替わってからも、西暦六三〇年から八九四年までに二十回ほど遣唐使が組織されました。六三〇年から六六九年の四十年間に八回派遣されており、その後六七〇～七〇〇年にかけて三十年間の空白があり、以後はだいたい十五～二十年おきに派遣されます。

六七〇～七〇〇年の三十年間は、遣唐使は空白ではあっても、日本の歴史においては非常に重要な意味をもちます。唐文化を吸収して、律令制による古代国家をかたちづくったのが、この時期だからです。「日本」という国の呼び名もこの時期に定まりました。その成果として「大宝律令」(8)が七〇一年に制定され、それを改定して「養老律令」(9)が七五七年に施行されました。

なぜ、『論語』の話をするのに、社会科の歴史の授業のような話を聞かなければいけないか疑問に思うかもしれません。それは、「律令」の法令の中には学校制度のことも書かれていて、学校で使われる教科書の一つとして『論語』が指定されていたからです。

学校は「大学寮」といいました。国家の役人を養成・選抜する目的のために作られたもので、主に儒学が教えられていました。科目は、五経という、『論語』よりもさらに古い時代に由来するとされる五種類の古典（易経・書経・詩経・三礼〈儀礼《ぎらい》・周礼《しゅらい》・礼記《らいき》〉・春秋左氏伝）と、『孝経《こうきょう》』という孔子とその弟子・曽子《そうし》(10)の対話によって「孝」について説いている書物、そして『論語』でした。

五経については、その中から数種を選んで学べばよかったのですが、『孝経』と『論語』は全員が必ず学ばなければなりませんでした。大学寮の教育の中で、『論語』は重視されていた科目だったといえます。

大学寮の先生は「博士」と呼ばれました。「博士」は書籍の内容を講義してくれる先生です。この「博士」のほかに、中国語で書物を発音して教えてくれる「音博士《おんはかせ》」という先生がいました。

音博士が教える漢字の発音は、唐の都、長安のあたりの発音が用いられました。その時代の発音のままとは言えませんが、唐代の発音が日本化した漢字の音読みが「漢音」といわれるもので、現在、日本で使われる漢字の音読みの中で一番よく使われている発音が、この「漢音」です。ただし、「漢音」といっても、「漢の時代の発音」ではありませんから、注意してください。

平安京に都を移した桓武《かんむ》天皇の八世紀末から九世紀初めにかけて、大学寮の学生に対して、「漢音」で正しく発音するよう天皇の命令が出されています。新しい唐の文化とともに漢字の発音も、新しい「漢音」に変わったのです。

では、それ以前に日本に入ってきていた漢字の音読みは、何であったかというと、今日「呉音《ごおん》」と呼ばれるものです。先ほど言ったように、遅くとも『論語』は五世紀初めには日本に伝わってきていますから、この時までにすでに二百年以上の歴史があり、かなりの期間、読み習ってきた蓄積があったわけです。

その後、中世から近世初期にかけて、また宋・元・明の新しい発音が入ってきて、これを「唐音」とか「宋音」とか呼びます。「行灯《あんどん》」「饂飩《うどん》」「蒲団《ふとん》」「杏子《あんず》」「椅子《いす》」「栗鼠《りす》」「胡乱《うろん》」などなど、皆さんも知っている言葉がたくさんあります。

こうして日本で使われる漢字の音読みには、中国から伝わってきた時代によって何種類もの発音が残されることになったのです。

また、唐末五代の混乱を経て宋代に入り、新たに中央集権的な官僚国家ができあがると、その新しい社会体制に適応する、従来の解釈とはまったく違った古典解釈が生まれてきます。これは宋学とよばれ、十二世紀に南宋の朱熹《しゅき》(朱子)(11)によって集大成されました。『論語』について言えば、朱熹は『論語集註』という注釈書を残しており、『大学章句』『中庸章句』『孟子集註』と併せた『四書集註』は後世に大きな影響を及ぼしました。日本では南北朝時代くらいから朱熹の新しい儒学文献解釈が本格的に学ばれるようになります。

3 日本の実情に合わせて定着した読み方

ところで、私たち現代日本人がもっている漢字知識の基礎は、みなさんもよく知っている「常用漢字表」です。「法令、公用文書、新聞、雑誌、放送など、一般の社会生活において、現代の国語を書き表す場合の漢字使用の目安」として定められています。

第二次大戦後の一九四六年に公布された当用漢字千八百五十字がその前身で、そのうちの約千字は教育漢字と呼ばれ小学校六年間の学年別に配当されて、みなさんも学習したはずです。一九八一年に当用漢字（当面使用する漢字）から常用漢字（通常使用する漢字）と名前が変わり、二〇一〇年に改正されたことはまだ記憶に新しいと思います。

常用漢字では字数制限のことがよく話題になりますが、〝制限〟されているのは文字数だけではありません。常用漢字表では、収録されている漢字の字体・音読み・訓読み（送り仮名）も規定していますが、これは別な見方をすると、記載されている音読み・訓読みが、必ずしもその漢字の音読み・訓読みのすべてではないということです。また、常用漢字表に記されている音読みには漢音・呉音といった区別はされていません。

実は、「ろんご」という書名の読み方は、漢音ではなく、呉音による読み方です。では漢音では何と読むかというと、「りんぎょ」と読みます。この「りん」も「ぎょ」も常用漢字には入っていない音読みです。

しかし、少なくとも平安時代から江戸時代の儒学の専門家（儒者）、あるいは明治以降の漢学者の間でも、儒学文献を読む場合には正確な漢音によって読むことが重視されていたのです。

現在伝わっている『論語』は二十篇に分かれていて、前半十篇を「巻之上」（いわゆる上論語）、後半十篇を「巻之下」（下論語）といいますが、伝統的な読み方では、漢音で

「けんのしやう」「けんのか」と読みます。「まきのじょう」「まきのげ」ではありません。また各篇には各巻の最初の二字からとった篇名が付いていますが、これも漢音で「学而第一《がくじていいつ》」「雍也第六《ようやていりく》」「郷党第十《きやうたうていしふ》」「憲問第十四《けんぶんていしふし》」などと読んでいました。

しかしいま、私たちが『論語』を「りんぎょ」ではなく「ろんご」と読んでいることからもわかるように、すでに何百年にもわたって読まれ、なじんできた呉音の発音は消滅することはありませんでした。むしろ漢音は儒者が儒学文献を読む際に使う学術用語上の発音にすぎず、日本人が漢字を読み書きする際の発音として完全に普及したとは言えません。「巻」の音読みは「かん」(12)、「第一」「第六」「第十」の音読みは「だいいち」「だいろく」「だいじゅう」(13)が普通でしょう。

先ほど私は、漢音を「日本で使われる漢字の音読みの中で一番よく使われている発音」と言いましたが、それは呉音や唐宋音に比べて相対的に多く使用されるというだけで、小学校低学年で習うような、私たち日本人にとって一番身近な漢字の音読みの中にも、漢音以外の漢字音はたくさん含まれているのです。儒者は自覚的に漢音を優先して使用しましたが、一般の日本人は呉音・漢音・唐宋音などを日本語の文脈の中で使用される語彙《ごい》に応じて混用してきたわけです。

初めにお話ししたように、現在の漢文の読み方の基準が定められたのは、明治末年です。明治期に西洋文明を吸収して日本が近代化していく中で、教育の近代化は大切な柱でしたが、その「国語科」の中で教授される「漢文」ですから、あまり日本人の一般的な漢字の知識と齟齬《そご》をきたすような読み方を教えることは無理がありました。

そこで、「漢文教授ニ関スル調査報告」では、「従来、呉音ニシテ読ム習慣アルモノハ之ニ従フ」という基準が立てられました。ですから、私たちが現在読んでいる一般的な漢文の読み方は、漢音を基調としつつも、呉音・唐宋音などを混用した慣用的な漢字音を用いて読んでいるのであり、江戸時代までの儒者たちの読み方とはまずこの点で違っているのです。

留意していただきたい点は、ほかにもあります。

注の（12）（13）にあるように、「巻」や「十」の音読みは歴史的仮名遣いでは「くわん」「じふ」ですが、みなさんが中学校や高等学校の古典の授業で漢文を習う場合の音読みは、歴史的仮名遣いではなく現代仮名遣いが普通用いられます。現代仮名遣いと歴史的仮名遣いが相違する場合に、歴史的仮名遣いが添えられます。

しかし漢文の訓読文の文法は歴史的仮名遣いによる古典文法が用いられます。したがって、漢文訓読には歴史的仮名遣いと現代仮名遣いが併用されていることになります。

さらに言えば、古文で習う古典文法は、基本的に平安時代の文法が基準となっているので、漢文の訓読文の文法もこれに合わせた古典文法を用います。しかし歴史的には、和文と漢文訓読では文法が完全に一致していたわけではなく、語彙・語法に和文とは相違点のある漢文訓読のための言語（これを「訓点語」と言います）が用いられていましたが、高等学校までの漢文ではこの問題にはほとんど触れません。

そもそも「訓読」という行為は、本来、外国語である漢文（古典中国語）をもとの漢文を残したまま、日本語に翻訳するという特異なやり方です。

中国語と日本語では、ことばの語順（統語法）がかなり違い、中国語は、主語（S）、動詞（V）、目的語（O）の順番で、いわば英語などに近い点があります。そこで、日本人は中国語の文章を日本語の語順で理解し、また音読みや訓読みをまじえて読むために、もとの漢文にいろいろな記号や読み方を書き込むようになりました。これらを訓点と呼びます。

みなさんもご存じの「レ点《れてん》」「一二点《いちにてん》」などの返り点も訓点のひとつです。カナの代わりに漢字の四隅・周囲などに符号を加えて漢字の読み方を示す、「ヲコト点」と呼ばれる訓点も、平安時代から江戸時代に至るまで非常に長い間使われた訓点です（次ページ図版参照）。

●古写本の『論語』に記されているヲコト点

子《シ》ノ曰《ノタウバ》ク、学《マナ》ンで時《トキ》に習《ナラ》フ。亦《マタ》説《ヨロコ》バシカラズや、

点図例

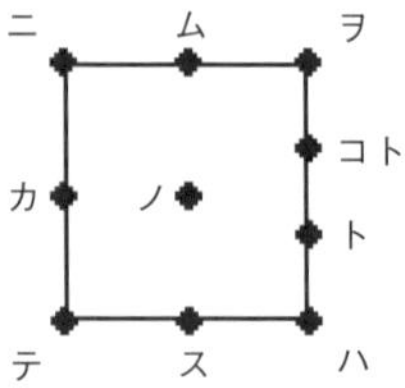

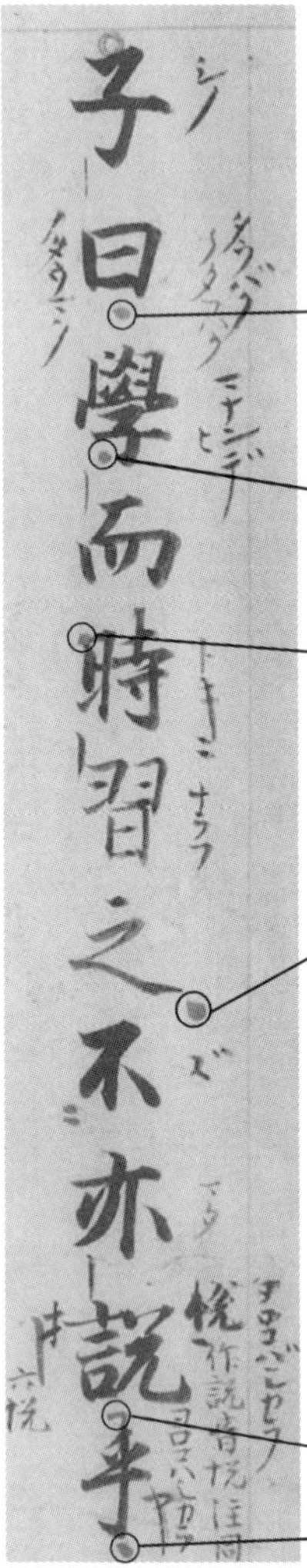

建武本『論語集解』久原文庫旧蔵・大東急記念文庫現蔵。（訓読文のカタカナは仮名点、ひらがなはヲコト点による。）

また、中国語の発音が日本化した漢字の音読みに対して、漢字の訓読みは長い年月にわたって日本人が漢字・漢文との出会いを繰り返すうちに、次第に一字一字の漢字に対する日本語の意味が習慣的に定まったものです。九世紀末～十世紀前半には訓読みを記した漢和辞典が作られ、十二世紀後半には漢字を訓読みのイロハ順に収録した国語辞典が作られるようになります。

したがって、これらの古い時代に作られた辞典には、「常用漢字表」に載っていない、いまではあまり使われなくなった古い時代の訓読み（「古訓」と言います）を含め数多く収録されています。

たとえば「一」という字に対して、現行の「常用漢字表」には音読みとして「イチ、イツ」、訓読みとして「ひと、ひとつ」を載せていますが、一六〇〇年頃に刊行された『倭《わ》玉篇《ごくへん》』という漢和辞典を見ると、音読みは漢音の「イ」ひとつ、訓読みは「ハジメ、カタクナシ、ヒトツラ、モツハラ、ヲナジ、スケ、ヒトタビ、ヒトシク、ヒトツ、ヒトリ、キワマル、スクナシ、ヒトヱニ」と、十三もの読み方が載っています。これらの訓読みはけっして根拠のない勝手気ままなものではなく、漢文の文脈の中で実際に使用されているもので、その意味に対して与えられた日本語の意味なのです。

ということは、別の言い方をすれば、漢文を読むためには「常用漢字表」の知識では字数においても、音読みにおいても、訓読みにおいても十分ではないということになります。

4　実際に『論語』を読んでみる

漢字の音読み・訓読みの話はこれくらいにして、実際にむかしの書物を使って『論語』を読んでみましょう。

書名・篇名と、注釈者に続いて、『論語』の本文のうちかなり多くの条文が「子曰」という字句で始まります。「子」は孔子のことで、「何々先生」の「先生」の意味です。「曰」は「日」とは全く別の字で、口を開けて舌が見えている様子を表した字で、それ以下に直接話法の言葉が始まることを表し、現代日本語で言えば引用符号の「　」に相当します。

この「子曰」の二字を、現在は「しいわく」と訓読しますが、伝統的には「しのたまはく」「しののたうばく」「しののたうまく」などと読みました。「のたまはく」は「恐らく」などと同じように動詞の後に「く」が付いて、「～すること」「～するもの」の意味を表す語法で、「おっしゃる」を意味する動詞「のたまふ」に「く」が付いた形で、「おっしゃること」の意味です。

「のたうばく」「のたうまく」は、音便《おんびん》と言って、それのやや変化した言い方です。現行の「いわく」は、動詞「いふ（言う）」に「く」が付いて「言うこと」の意味です。「し」と「のたまはく」の間に「の」を入れるのは、格助詞「が」よりも婉曲《えんきょく》な語感の格助詞「の」によって、動作の主体に敬意を表す言い方であり、伝統的な漢文訓読では堯[14]・舜[15]などの聖人や皇帝、孔子やその高弟の顔回[16]や曽子[17]などには「の」を付け、焚書坑儒《ふんしょこうじゅ》[18]などの悪政を敷いたとされる秦《しん》の始皇帝などは「が」を付けるといった具合に、人物によって「の」と「が」を読み分けたようです。

つまり現行の「しいわく」は「先生が言うには」という意味であり、伝統的な「しののたまはく」は「先生のおっしゃるには」という意味であり、漢文の原文「子曰」の意味「孔子がこう言った」に変わりはないわけですから、これは日本語の敬語の問題です。

そして「漢文教授ニ関スル調査報告」では敬語に関しては、「敬語ニハ左ノ語ヲ用フ。但敬語ハ叙言叙事ニ論無ク、我ガ帝室ニ関スル場合ノ外ニハ之ヲ用ヒサルモノトス」という規定があり、皇帝でもない古代中国人の孔子は敬語の適用範囲外になるわけです。

あえて日本の帝室（皇室）に関する事柄に敬語の適用範囲を限るとしたのは、江戸時代までの儒者の伝統的な読み方が、ともすると孔子や中国の聖人を日本の皇室より上に待遇しがちであったのを改めようとしたためといわれます。

次に最初の有名な条文「学而時習之」ですが、現行の訓読では「学びて」と読みますが、伝統的には撥音便《はつおんびん》で「学んで」と読みました。したがって、ヲコト点などの訓点でも「ン」は無表記で「テ」のみが施されることが一般的です。現行の訓読は古文の古典文法とのすりあわせによると思われます。

音便については、例を挙げると、現行の読みと伝統的な読みには、次のような違いがあります。

弟子入則孝、出則弟。（学而篇）

《現行の読み》弟子入りては則ち孝、出でては則ち弟。

《伝統的な読み》弟子入っては則ち孝、出でては則ち弟。

貧而無諂、富而無驕、何如。（学而篇）

《現行の読み》貧《まず》しくして諂《へつら》うこと無く、富みて驕《おご》ること無きは何如《いかん》。

《伝統的な読み》貧しうして諂ふこと無く、富んで驕ること無くんば何如。

という具合に、撥音便・促音便・ウ音便など音便を多く用いて読み、これが漢文訓読の口調にリズム感を与えています。

学ぶ対象・内容は、何晏らの古注が書物（詩経・書経）を読むことと解釈するのに対して、皇侃《おうがん》[19]は「学」を覚悟（さとる）、すなわち先王の道を用いて人の心を善導して悟らせることと解釈し、朱熹は「学」の対象を心中に備わる徳と考えて、先覚者に師事してそれに倣《なら》って徳を磨くことと解釈します。

「而」は、ことさらに訓読しない読み方と、「しかうして」と読むべきだという説（桂庵《けいあん》[20]・文之《ぶんし》[21]）とありますが、順接を表す接続助詞ととる点で大きな違いはありません。

「時」は、古くから「ときに」と読んでいますが、その意味については解釈が分かれます。「学」を読書ととる何晏は、しかるべき時に繰り返し読み慣れて忘れないようにすること、と解釈します。それに対して、皇侃は「時」には三つの意味があるとして、人身（人生の成長過程）と年中（四季）と日中（一日）のうちで、しかるべき学びの内容があると解釈します。また、「学」を心の徳を磨くことと解釈する朱熹は、「時」を時々刻々（いつもいつも）の意味と解釈しています。この朱熹の解釈を受けて、訓読では「時」の字を「たびたび」の意味を表す「よりより」と訓ずるのも、室町時代から江戸時代にかけて比較的よく用いられた読み方でした。

「習」については、皇侃は、人から教わったら教わった通りに繰り返して毎日やめないことと解釈します。それに対して、朱熹は、鳥がはばたきを繰り返すように、学び（心の徳をみがくこと）を、止めないことと解釈します。訓読では「ならふ」が一般的ですが、「習慣にする」という意味の「ならはす」という訓もしばしば見られます。

さて、『論語』のように長きにわたって読み継がれてきた古典は、それができたときの状況や、そのときのもともとの意味はよくわからなくても、必ずそれぞれの時代に解釈されて読まれてきた痕跡が注釈として残されています。その注釈を通して初めて、それぞれの時代の解釈を知ることができるのです。

しかしその注釈自体が、いま例に出した何晏であれば千七百年以上前、皇侃であれば千四百五十年以上前、新注とよばれる朱熹の注釈でも八百年以上前につくられたものです。それゆえ、それらの注釈自体が、さらに注釈を必要とする文献であることも理解していただけるでしょう。

ところが、私たちが中学校や高等学校の漢文教材の中で触れる『論語』は、中等教育の教材として適切な難易度や、時間的な制約から、そうした注釈をすべて省略した、本文だけのテキストになっています。

しかも、本文だけの漢文に、返り点や送り仮名はしっかり施されているのです。訓読を規定する返り点や送り仮名は、実はそれ自体が立派なひとつの解釈ですから、ある訓点が施された本文は、表には出ていなくても、裏にその根拠となる解釈が隠されていることになります。

いま「学而時習之」のほんのわずかな例を挙げて示したように、「学」は皇侃の解釈によって「さとる」、あるいは朱熹の解釈によって「ならう」と訓ずることが可能ですし、「時」も朱熹の解釈に従うならば「つねに」と訓ずることも可能です。

そういった多様な解釈の可能性を背景にしつつも、訓読としてはそれぞれの漢字の最大公約数的な意味を表す訓読みを当てはめて、「まなびてときにこれをならう」とひとまず読んでいるということになるのです。

したがって、「まなびてときにこれをならう」と訓読し、「勉強して時々復習する」と現代語訳してみただけでは、この文章の意味が解釈できたとは言えません。短文の集積である『論語』のような書物こそ、やはり過去の解釈に通じた先人が著した注釈によって全体を読み通してみることが必要になります。先に挙げた何晏や皇侃や朱熹の解釈は歴史上有名なものですし、日本人も室町～江戸時代には数多くの人が注釈を著しています。ところが、そうした注釈の多くは漢文で書かれていて難しい。どうしても現代語訳が欲しいと思うのが人情です。しかしこの現代語訳は、著者が各種の注釈を参照して、妥当と判断した解釈を採用したものが多いのが実情です。

それが一概に悪いというわけではありませんが、厖大な数の注釈書の末端にもう一つの解釈を加えるだけであり、あまり意味はありません。もし現代語訳をするならば、何かひとつ内容的にも歴史的にも価値がある先人の解釈を、そのままを現代語訳したもののほうが、価値があると思われます。

最後に、そうした現代語訳の例を挙げておきたいと思います。(22)

ならったことを（人の生まれつきは誰しも善であるが、先生について勉強することも大切で、先生についてならうのは、つまりわが身のよさをみがきだすことになる。だからならったことを）しょっちゅうおさらいするのは、（おさらいするとならったことが身にしみて）な

IIIII かなかうれしい（自分の心のなかでうれしいとおもう）ものですね。

これは倉石武四郎という中国古典研究者が、朱熹の『論語集註』を現代語訳したもので、実際には『論語』の本文の部分は大きい字で表し、朱熹の注釈の部分は小さい字で表しています。これはわかりやすいし、参考にもなります。

ここまでわかりやすくはないにしても、先に挙げた「しのたまはく」と訓《よ》んで孔子に敬意を表したり、「時」を「よりより」と訓んだり、「習」を「ならはす」と訓んだりした訓読の工夫も、先人たちの大いなる功績と言うべきでしょう。その功績を踏まえた〝論語読み〟の世界に、ぜひ多くの人に関心をもってもらいたいと思っています。

注

（1）服部宇之吉…一八六七～一九三九。「礼」による中国古代制度の研究や東洋倫理学の研究で知られる。

（2）「漢文教授ニ関スル調査報告」…『官報』八六三〇号（三月二十九日）に掲載された。

（3）無為自然…作為を加えず、ありのままである状態。
（4）林泰輔…一八五四〜一九二二。朝鮮史研究・甲骨文研究の先駆者としても知られる。
（5）鄭玄…講座1の注（8）を参照。
（6）何晏…講座1の注（9）を参照。
（7）皇侃…講座1の注（4）を参照。
（8）大宝律令…文武天皇の大宝元年に制定された法令で、刑法にあたる「律」と、民法・行政法にあたる「令」がこのとき初めてそろった。
（9）養老律令…大宝律令をさらに国情に合うように改修した律令。
（10）曽子…講座1の注（6）を参照。
（11）朱熹…講座1の注（25）を参照。
（12）かん…歴史的仮名遣いでは「くわん」。
（13）じゅう…歴史的仮名遣いでは「じふ」。
（14）堯…講座3の注（15）を参照。
（15）舜…講座2の注（7）を参照。
（16）顔回…顔淵。講座1の注（14）を参照。
（17）曽子…親孝行で知られ、『孝経』の選者に擬せられる。
（18）焚書坑儒…宰相李斯《りし》の建言により、書物を焼き、儒者を生き埋めにしたことをさす。
（19）皇侃…講座1の注（4）を参照。
（20）桂庵…桂庵玄樹。一四二七〜一五〇八。室町時代の禅僧。京都で学び、薩摩で学問を講じた。彼の訓点のつけ方は『桂庵和尚家法倭点』に記されている。

(21) 文之…文之玄昌。一五五五～一六二〇。安土桃山時代から江戸時代初期の禅僧。桂庵の学統を継ぎ、その訓点は「文之点」と呼ばれる。
(22) そうした現代語訳の例を挙げておきたいと思います…講座4の1の倉石武四郎の口語訳と同様に体裁を改めている。

《参考文献》
『修訂論語年譜』(林泰輔編　一九一六原刊　国書刊行会再刊　一九七六)
『論語・口語訳』(倉石武四郎　筑摩書房　一九七〇)
『図説日本の漢字』(小林芳規　大修館書店　一九九八)
『本邦における支那学の発達』(倉石武四郎講義　汲古書院　二〇〇七)
『論語―心の鏡―』(橋本秀美　岩波書店　二〇〇九)
『日本の漢字1600年の歴史』(沖森卓也　ベレ出版　二〇一一)

追い続けた理想と現実の狭間で

●講座6 ―『論語』にみえる孔子の本音―――高山節也

二松學舍大学文学部
名誉教授

1　失意のうちに一生を終えた孔子

孔子はいまから二千五百年ほど前、春秋時代末期の中国、魯《ろ》という小国に生まれました。これらの時代や地域が、孔子の思想形成に重要な意味をもっていることを最初にお話ししましょう。

この時代は、周王朝の支配体制がその実質を失いつつ、新たな中央集権的体制に移行していく、いわば価値観の変動する時代といえます。そうした変動は、世の中のさまざまな現象の中に陰に陽に現れるのですが、孔子はそれらの具体的現象に大きな危機感を抱いたのでした。

たとえば、周王室の儀礼として、八佾《はちいつ》の舞というのがあります。八列で各八人の舞人が舞う儀礼ですが、これを魯の大夫《だいぶ》・季孫氏《きそんし》(1)が舞わせたという事件がありました。これは天子の儀礼を格下の大夫が行うという、周の制度としては許しがたい違反なのです。にもかかわらず、それを平気で許してしまうところに、周王朝の衰退と、価値観の変動が読み取れるのです。『論語』八佾篇の中にはそうした事例がいくつも記録されていますが、この場合も孔子は、こう嘆いています。

是れ忍ぶべくんば、孰《いず》れか忍ぶべからざらん。

是可忍也、孰不可忍也。

▪ これが我慢できるなら、我慢できないことなどないぞ。

孔子はこうした事例が頻出するたびに、もう一度かつての安定した周王朝の体制を復興しなくてはいけない、と考えたのでした。もちろん世の中の変動に合わせて、体制を変えていくべきだという考え方もあって、商鞅《しょうおう》(2)や韓非《かんぴ》(3)のような思想家たちがそうなのですが、孔子は周代の礼のもつ美しい秩序を復活させて、ふたたび時代を安定させようとしました。ただ、礼という形だけを復興しても、世の流れは強力で、あまり実効が期待できないことを認識した孔子は、その礼を支える内心の徳として「仁」を重視しました。このことが、後々まで孔子が偉大な思想家として認識される背景となったと言っていいでしょう。

話のついでに、思想家とはどんなものなのかを平易に説明してみましょう。

商鞅や韓非のような人々も、法家の思想家として後世、認識されています。ただ、彼らは時代の流れの中で、はなはだ先走った人々で、その意味では孔子と同じように十分理解されませんでした。しかも、過激な進歩派であったので、反発する勢力や個人が多く、暗殺されたり死刑にされてしまうという不本意な末路をたどったのです。

　孔子の場合も、暗殺こそされなかったものの、自分の理想をあちこち語って歩いても、結局ほとんど受け入れられず、失意のうちに一生を終えました。孔子の思想の継承者である孟子[4]や、愛情の絶対平等や徹底した反戦思想を唱えた墨子《ぼくし》[5]も同じような生涯でした。また、世俗を捨てて自然と一体となることを主張した老子[6]や荘子[7]のように、もはや世の中を捨てて隠者のような一生を送ることを理想とした人々もいました。

　これらの人々に共通する部分とはどんなところでしょうか。

ひとつは、どのような環境・社会・人間関係などにおいても、けっして妥協することなく自分の理想を見失わなかったところではないでしょうか。と同時に、それぞれの理想が、人間、誰もがもつ内面のある部分に共鳴する琴線をもっていたこと。だから歴史の中に消えてしまうのではなく、はるか後の現代においてもなお生き残って、われわれの心を揺さぶるものをもち続けているのだと思います。

　こういった人間の精神的営みを、総括して思想と呼ぶのだと思います。そして、それを現代まで伝える役割を担ったのが、『論語』『孟子』『墨子』『商君書』(8)『韓非子』(9)『老子』『荘子』などの書物だったのです。

前置きがずいぶん長くなりました。そろそろ本題の「『論語』にみえる孔子の本音」の話に移りましょう。

2 孔子が自らに課した「恥ずかしい」の基準

みなさんは、本書をここまで読んできて、『論語』における孔子の思想のメインとなる部分については十分学んだことと思います。孔子の思想活動についても、ある程度理解いただけたのではないかと思います。自身の理想を機会あるごとにさまざまな人物に説き聞かせてきた孔子の精力的な活動に、共感を覚えた人もいるでしょう。

ところが、そんな魅力的な孔子像とは相いれない、むしろ精力的な活動に水を差すような言葉が、『論語』の中にはいくつかあるのです。まずそれをご紹介しましょう。

〔A〕

子謂顔淵曰、

子顔淵《がんえん》を(10)謂《い》いて曰わく、

用之則行、舎之則蔵。

之《こ》れを用うれば則ち行き、之れを舎《す》つれば則ち蔵《かく》る。

唯我与爾有是夫。（述而篇）

唯《た》だ我と爾《なんじ》と是れ有るかな。

孔子が顔淵を評価した言葉、人々が用いてくれるなら世に出ていくが、捨てるならば身を引いてしまう。ただ私とお前だけができることだなあ。

「之れを用うれば則ち行き、之れを舎つれば則ち蔵る」については、人々が道を捨てるか用いるかによる、とする解釈もあります。ただ、「道を用いる」という表現は語感として違和感がありますし、「用道」という言葉の事例もいまのところ認識していません。この言葉を無理なく理解すれば、先に示したような解釈になるでしょう。

顔淵は孔子のもっとも信頼する弟子で、孔子の十人の優秀な弟子（孔門十哲）のひとり。徳行に優れていたとされています。姓は顔、名は回、字《あざな》は子淵。一を聞いて十を知るような俊才でした。若死《わかじ》にしてしまったために、孔子は、「噫《ああ》、天予を喪《ほろ》ぼせり」とまで言って悲しんだといわれています。

あちこちで人々（特に為政者たち）から退けられても、なお精力的に遊説をやめなかった孔子が、「人々が自分を受け入れてくれないなら身を引く」と言い切ってしまうのは、違和感を覚える人も多いのではないでしょうか。

おそらく、顔淵ほどのお弟子さんなら、なおさらだったに違いありません。それなのに、「私とお前だけがそうできる」と孔子は言う。つまり、これは顔淵ほどの弟子だからこそ理解できる境地だ、ということのようです。

自分を受け入れてくれないなら身を引くというのは、「もう社会活動はやめて隠遁するぞ」と言っているようなもので、しかも、これがもっとも深い孔子の境地であるなら、これを孔子の本音と解釈することもできそうです。

もちろん、この例文だけで断定するのは危険です。ほかにも当たってみましょう。実は、そうした孔子の本音を伺わせる例文もあるのです。

〔B〕

子曰わく、信を篤《あつ》くして学を好み、死を守りて道を善《よ》くす。

子曰、篤信好学、守死善道。

危邦は入《い》らず、乱邦《らんぼう》は居《お》らず。

危邦不入、乱邦不居。

天下道有らば則ち見《あらわ》れ、道無くんば則ち隠る。

天下有道則見、無道則隠。

邦道有るも貧にして且つ賤《いや》しきは恥なり。

邦有道貧且賤焉恥也。

邦道無きも富み且つ貴《たっと》きは恥なりと。

邦無道富且貴焉恥也。

（泰伯篇）

孔子の言葉、誠を尽くして学問を好み、むだな死に方をせずに道をより良く実現する。危険な国には入らず、乱れた国には長居はしない。天下に道があれば自分も世に現れるが、道がないなら身を引いてしまう。国に道が有るにもかかわらず貧しくて、かつ位が低いのは恥ずべきことであり、国に道が無いにもかかわらず豊かで、かつ位も高いというのはこれまた恥ずべきことである。

冒頭に出てくる「守死」というのは難しい表現ですが、良い死に方をすること、あるいは自分の最後を立派にすること。言い換えれば自分の一生を価値あるものにすることでしょう。「危邦」はいまにも滅びそうな国、「乱邦」は国内が乱れきった国で、こうした国こそ助けが必要かとも思いますが、孔子は恐らくいかんともしがたい国として考えていたのでしょう。

そうした国で重く用いられ高い位を与えられるのは、何らかの妥協の結果であるに違いない、と孔子は考えたのです。孔子が「危邦」「乱邦」から身を引くのは、妥協を嫌うこと、つまり自らの理想に泥を塗ることを拒否するからにほかなりません。

孔子はここで「恥」という言葉を使っています。これは世間的な意味での「恥」ではありません。自分からそのような自分を恥ずかしく思うということです。他人から馬鹿にされたり、みっともないやつだと思われたりすることは、孔子にとってさほどのことではありません。それよりも自分で自分をそう思うのが耐えがたい恥辱なのです。

〔A〕の言葉では単に「之れを用うれば則ち行き、之れを舍《す》つれば則ち蔵《かく》る」と言うのみで、その内心の理由は明らかにされていません。後の文に子路[11]のエピソードがありますが、前文の説明にはなっていないようです。

内心の理由の説明はまさしく〔B〕の言葉によってなされているように思えます。これは私の一つの解釈ですが、『論語』にはまったく別の次元で同様のことを言う言葉があり、この解釈を補強してもらえそうです。それをご紹介しましょう。

〔C〕

子貢問友。子曰、忠告而善道之、不可則止。

子貢《しこう》(12)友を問う。子曰わく、忠もて告げて善く之れを道《みちび》くも、不可ならば則ち止《や》む。

無自辱焉。(顔淵篇)

自ら辱《はず》かしむること無かれと。

子貢が友人関係を質問した。孔子の言葉、真心から相手に忠告し、心を込めて導いてやる。それでもだめならそこでやめておく。自分で自分を辱めてはいけない。

子貢は孔子の弟子のひとりで、姓は端木《たんぼく》、名を賜《し》といいます。「孔門十哲」に数えられ、言語に優れていたとされています。

その子貢が「友」について質問しました。「友」は友情そのものなのか、友人関係のあり方なのか? 漠然としていますが、孔子の答えからみると、どうやら後者のようです。友人が子貢あるいは孔子にとって受け入れられない一面をもつとき、そのことを真心込めて忠告し、正しい方向へ導くことが、友人関係の望ましいあり方だと、まず孔子は言います。

その次が問題です。

せっかくそのようにしても、相手にそれを受け入れる様子がまったくない場合は、もうそこでやめておけ、無理してまで忠告したり導いたりしないほうがいい、といいます。このことは、〔A〕の「用之則行、舎之則蔵」や、〔B〕の「天下有道則見、無道則隠」と重ねて考えることが可能でしょう。

つまり、友人が自分を必要とするか否か、友人が導くに足るだけの徳性を内面にもっているか否か、それぞれ見極めて、もし否定的であったなら、それ以上の行動はやめておけと言うのです。それはなぜか。まさしく「自ら辱かしめる」ことになってしまうからです。

ここでも文字は違いますが、やはり「はじ」という観念が出てきました。「恥」「辱」は互いに注釈しあう関係で、意味としてはだいたい同じです。〔A〕や〔B〕の例は世の中や国家が問題視されていましたが、こちらは個人的な人間関係の問題です。それだけ自分が負わなければならない責任の範囲も狭くなるわけですが、その場合においても孔子は妥協を許さない、自分の理想を見失わないことを、最後の拠り所としているようです。

この「はじ」という感覚は、先にも述べたように、他人から辱められるというより、自分自身の態度を自分自身が恥ずかしいと思うことです。これは孔子にとって最悪の事態であったように思えます。

〔A〕〔B〕〔C〕の言葉はそれぞれの背景や次元は異なりますが、自分を見失ってまで行動することは孔子の本音ではなかったのだ、と私は考えます。孔子の最後の拠り所は、自分自身の内心の徳性。それを守ることこそが、孔子の本音であっただろうと思います。

3　孔子が求めた、平和で安らぎのある世界

もうひとつ、孔子の本音に関わりそうな一節を紹介しましょう。『論語』にしては大変長い文章ですので、適宜省略することにします。

〔D〕

子路(13)・曽皙《そうせき》(14)・冉有《ぜんゆう》(15)・公西華《こうせいか》(16)侍坐《じざ》す。

子路・曽皙・冉有・公西華侍坐。

子曰わく……如《も》し或いは爾《なんじ》を知らば則ち何を以てせんやと。

子曰、……如或知爾則何以哉。

……点よ爾は如何《いかん》と。瑟《しつ》(17)を鼓すこと希《まれ》なり。

……点爾如何。鼓瑟希。

鏗爾《こうじ》(18)として瑟を舎《お》きて作《た》ち、対《こた》えて曰わく、三子者《さんししゃ》の撰(19)に異れりと。

鏗爾舎瑟而作、対曰、異乎三子者之撰。

子曰わく、何ぞ傷《いた》まんや。亦《ま》た各々其の志を言うなりと。

子曰、何傷乎。亦各言其志也。

曰わく、暮春《ぼしゅん》には、春服《しゅんぷく》既に成り、

曰、暮春者、春服既成、

冠者(20)五六人、童子六七人、沂《き》(21)に浴し、

冠者五六人、童子六七人、浴乎沂、

舞雩《ぶう》(22)に風し(23)、詠じて帰らんと。

風乎舞雩、詠而帰。

夫子喟然《きぜん》(24)として歎じて曰わく、吾《われ》は点に与《くみ》せん(25)と。……

夫子喟然歎曰、吾与点也。……（先進篇）

子路・曽皙・冉有・公西華が孔子のお側に控えていた。孔子の言葉、「……もし誰かお前たちのことを理解してくれる者がいたら、お前たちはどんなことがしたいだろうか」。（子路・冉有・公西華がそれぞれの抱負を述べた）「点（曽皙の名）よ、お前はどうかね」と孔子が問われた。点は瑟《しつ》をポツリポツリと鳴らしていたが、カタリと瑟を置いて立ち上がりお答えした。「三人の言葉のようによいことは申せませんが」。孔子は「何を気に病むことがあろう。皆それぞれの志を言ったまでだよ」と促した。そこで点は言った。「春の終わりごろには春服も着こなして、青年五、六人、少年六、七人と、沂水《きすい》で水浴し、舞雩《ぶう》で夕涼みしてから、歌をうたいつつ帰ってきたいものです」と答えた。孔子はそれを聞くと軽いため息をもらしながら、「私は点の言葉に賛成だ」と言われた。……

この文章はなかなか読みづらいもので、勝手な意訳をしたところがありますが、大筋では間違っていないと思います。章末の注で簡単な解説も加えておきました。参照してください。

この一節は、恐らく孔子の講義が終わってくつろいだ気分の中で語られた言葉であったと思われます。それぞれのお弟子さんの性格が表れている部分も興味深いのですが、ただ一人曽晳だけが異質な返答をするのです。子路も冉有も公西華も、すべて政事に関する抱負を述べ、それぞれに意識の差や能力の自覚などが働いて、子路は元気に大風呂敷を、冉有は常識的なおとなしい抱負を、公西華は若者らしい遠慮がちな希望を述べます。

ところが曽晳はいっさい政事には触れず、本当に狭い範囲の気心の知れた身内のような人々を心に描いて、夏も間近な晩春の一時、春着も着こなし、近くの川で水浴びもし、舞雩の公園で夕涼みもし、歌を口ずさみながら家に帰ろう、という。そんな平和で、深刻な悩みも乱世の憂鬱も苦悩もない、桃源郷のような風景を語ったのです。

これは老子や荘子が語る「小国寡民《しょうこくかみん》」(26)の理想によく似ている発言です。もっとつきつめて考えれば、これは世捨て人や隠者の思想に通じる発言であるともいえます。

一方、孔子は『論語』の別の箇所で、隠者に対して自分は同調することはできない、とはっきり言っています。隠者は、人の世を捨てて鳥や獣とともに生きるものだが、自分は人間とともに生きるものである、というのです。

もちろんこれは比喩的な表現で、曽皙の理想もあくまで人の世界に関わってはいます。ただ、必死になって人の世の乱れを救おうとする積極性はありません。曽皙はそのことをもはやあきらめたのでしょうか。やるだけやって、もはやこれまで、と言うにしては曽皙の事跡はほとんど知られていません。

初めからあきらめたような人間を孔子は好んでいたのでしょうか。孔子は次のように言っています。

不憤不啓、不悱不発。（述而篇）

憤《ふん》せずんば啓《けい》せず、悱《ひ》せずんば発《はっ》せず。

心中から熱意が湧き立ってくるほどでないと、説明してやらない。言いたくて仕方がないのにうまく言えないというくらいでなければ、手助けしない。

これは、学問への積極的意欲を求めた発言ですが、この言葉からは曽皙のようなタイプへの同調は読み取りにくいのです。それにもかかわらず孔子の身近に曽皙はいて、親しく発言を促され、なおかつその発言に同調されている。このことは、孔子の本音と曽皙の発言とが必ずしも相反するものではなかったことを表していると、考えることはできないでしょうか。

孔子は人の世に積極的に関わって、自分の理想とする国家の実現を推進しようとしました。一人の思想家として、このことは孔子の建前ではなく、偽りない真実でしょう。しかし、心の奥深いところには曽皙の言葉にあるような、平和で安らかな世界がもう一つの理想としてあったのではないでしょうか。そしてそういう世界こそが、孔子にとっては、妥協もなく、あきらめもなく、戦闘的な論議や主張も必要なく、自分自身の内心の徳性をそのままに実現しえた世界であったのではないでしょうか。

古代の中国には、人が意思や意図をもって成し遂げた理想よりも、自然にいつのまにかでき上がった理想の世界をよしとする感覚があります。その感覚は老荘思想にもっともよく表れているものですが、孔子の時代にすでに隠者がいたように、孔子がそれらの考え方に無知であったとは思えません。

ただ孔子のもつ、これらとは対極にある理想が、あまりに現実に密着したものであるがゆえに、曽皙の発言に心引かれながら、その実現の困難さを、思わずにはいられなかったのでしょう。周王朝の安定したよき政治、礼と仁が一体となって麗しく機能する、あの文王[27]や周公[28]の時代が再現されたとき、孔子は曽皙の言うような、孔子にとっても一方の理想であるあの世界に、ゆったりと身をひたしえたのでしょう。

しかし、孔子にとってはその世界はあまりにも遠く、行き着くことの困難さは、残酷なまでに明らかであったのです。

「夫子喟然《きぜん》として歎じて曰わく、吾は点に与せん」

先に紹介した〔D〕のこの言葉の中に、永遠に実現できそうもない孔子のもう一方の本音に対する万感の思いが込められていた、と私は考えています。

以上は私の妄想による『論語』解釈です。まったくのでたらめとは考えていませんが、どうもいろいろと感情移入が多すぎて、読者の中には読みづらかった人もいるかもしれません。『論語』という書物はこんな読み方もできる、という一例として理解していただければ幸いです。

注

（1）季孫氏…魯の国の十五代君主・桓公《かんこう》の子孫にあたる三つの家系を三桓氏といい、孔子の時代には三家が魯の実権を握っていた。桓公の二男の子孫を仲孫氏、三男の子孫を叔孫氏、四男の子孫を季孫氏といった。
（2）商鞅…？〜BC三三八。戦国時代の法家の思想家。秦の富国強兵に功績があった。
（3）韓非…BC二八〇？〜二三三。戦国時代の法家の思想家。『韓非子』の著作あり。
（4）孟子…講座3の注（7）を参照。
（5）墨子…姓は墨、名は翟《てき》。墨家集団の開祖といわれる。戦国初期の人。現代思想にも通じる独特の主張を展開した。
（6）老子…中国古代の哲学者。紀元前六世紀頃の人物とされる。
（7）荘子…姓は荘、名は周。道家思想の重要なメンバー。価値観の相対性を論理的に証明しようとするなど、老子とは異質な思想を主張した。戦国中期頃の人か。
（8）『商君書』…法家の思想家・商鞅の著作とされるが、疑問の余地はある。古い法を新しい法に変えることを主張。
（9）『韓非子』…法家の思想家・韓非の著作とされるが、後世の文章も混在する。法と術と勢を、君主の統治の三本柱とした。
(10) 顔淵…講座1の注(14)を参照。
(11) 子路…季路とも。講座1の注(21)を参照。
(12) 子貢…講座1の注(19)を参照。
(13) 子路…講座1の注(21)を参照。
(14) 曽晳…姓は曽、名は点、字《あざな》が晳で、有名な弟子の曽子の父。
(15) 冉有…講座1の注(20)を参照。
(16) 公西華…公西が姓、名は赤、字は子華で、この頃はまだ少年だったようだ。
(17) 瑟…二十五弦または十六弦の楽器。
(18) 鏗爾…瑟を床に置くときの音で、堅い響き。
(19) 三子者の撰…善と同じで、良い詞の意味。
(20) 冠者…冠をかぶる者で青年のこと。
(21) 沂…魯の国の川の名。
(22) 舞雩…雨乞いの祭りをするときに巫女《みこ》が舞う台のことで、宗教的な場所であった。同時に土地の人々の憩いの場所でもあった。
(23) 風し…風は、風にふかれて涼むこと(歌をうたうとする解釈も)。
(24) 喟然…深く感動する様子(ため息を深くつくこととも)。
(25) 与せん…与は、くみすると読んで、同意すること、仲間になることなどをいう。
(26) 小国寡民…『老子』第八十章の言葉。無為自然が実現している理想郷。
(27) 文王…BC一一五二～一〇五六。殷の紂王《ちゅうおう》を滅ぼして周王朝を創始した武王の父。理想の君主とされる。

（28）周公…周の文王の四男。武王の異母弟で、魯の国の始祖。孔子がもっとも理想とした君主。

孔子とプラトンが見つめた人間の本性

●講座7 ━『論語』と西洋哲学――鷲田小彌太

哲学者・評論家

1　最初の「哲学者」は誰か？

「わが日本、いにしえより今にいたるまで哲学なし(1)」

こう断じたのは、明治期に活躍した中江兆民です。「東洋のルソー」といわれ、自由と民主の旗を高くかかげた兆民ですが、日本には伊藤仁斎(2)や荻生徂徠(3)はいても、中国の古典に新解釈を加えたにすぎず、フランスのデカルト(4)、ドイツのカント(5)のような、国が誇りとするような独創的な哲学者はいない、というのです。

兆民がそう喝破してから、すでに百年余りたちましたが、はたして今日においても「哲学の不在」は相変わらずなのでしょうか。

けっして、日本と日本人に「哲学」がないわけではない(6)。私はそう考えます。デカルトやカントの哲学とは「異種」の哲学が、日本建国以来、絶えることなく存在します。ただし、実に残念なことに、中江兆民のように、それを日本人は自国の哲学伝統（哲学史）と見なしてこなかっただけなのです。

ですから、けっして日本も捨てたものじゃない。それを踏まえたうえで、哲学の「出自」をあらためて振り返っておきましょう。

「哲学」の生まれ故郷ははっきりわかっています。「戸籍」のように動かすことはできません。中国でも日本でも、インドでもありません。ギリシアです。最初の哲学者も「特定」されています。タレスです。[7] 孔子や、天台宗を開いた最澄ではありません。

多少のやっかいをいとわず、まず哲学の「戸籍」調べをやってみましょう。「知を愛する」という意味をもつ「哲学（フィロソフィア）」は、紀元前六世紀、古代ギリシアに生まれました。始祖はアテネの植民地、イオニア生まれのタレスです。ただし、タレス自身が「わたしは最初の哲学者だ」などと名のったわけではありません。二世紀後、プラトン[8]の弟子であるアリストテレス[9]が、タレスこそ「哲学の始祖」であると記したのです。

タレスという人はどういう人であったのかは、はっきりわかっていません。それなのに、アリストテレスがなぜ、タレスを哲学のファーストランナーと認定したのでしょう。

タレスは「万物の元基（アルケー）は水である」と言いました。

なぜか。水は、固体・液体・気体と変化するが、同じ一つの「水」であり続ける。だから感覚的にとらえることができる氷・水・蒸気を超えた「水」（元基）が存在する、とみなさざるをえないというわけです。

しかし、厳密な意味では、最初の哲学者はプラトンです。ギリシア哲学の泰斗、田中美知太郎[10]は「プラトンにはすべてがある」と言いました。極論すれば、「哲学はプラトンに始まり、プラトンで終わった」ということで、「プラトンさえ勉強しておれば、それでよろしい」という意味にもとれます。

プラトンは、万物の根源はイデアだと唱えました。イデアは、感覚でとらえることのできるものを超えた永遠不変の存在です。

プラトン以前の哲学者たちが、「水」や「火」「原子」というような、感覚でとらえることができるものを通して、感覚的なものの根源を超感覚的な永遠不変なものを求めたのに対し、プラトンは純粋に超感覚的なもの＝イデアをたてたのです[11]。ここに、真・善・美の理想（イデア）をモデルに「現実」は判断され、「現実」は創られなければならないという、哲学＝純粋観念論が誕生しました。たしかに、デカルトもカントもプラトンのイデア論を受け継いでいます。

2　同時期に、洋の東西で「哲学」が生まれる

さて、ここで孔子の登場です。

孔子は、プラトンの先生であったソクラテスが生まれた頃に亡くなっていて、プラトンより百五十年くらい先人になります。その孔子を、現在、私たちはなんの疑いもなく哲学

者と呼びますが、もちろん、明治期になるまで「哲学」などという言葉は日本や中国にはありませんでした。プラトンやアリストテレスがイメージした哲学者ではないのですが、「知を愛する」という点では、孔子も立派な哲学者です。そこで、プラトンと孔子にまつわる、いくつかの「属性」を比較・検討してみましょう。

まず、二人が生まれ育った地域の特性についてです。

孔子は、秦が統一国家を建設する三世紀ほど前に、魯の都、曲阜《きょくふ》に生まれました。曲阜は都市国家です。周王朝の文化伝統をもっともよく受け継いだ国といわれますが、もともとは「東夷《とうい》」の地で、異文化と触れあう最前線でもあったのです。

ギリシア哲学の始祖といわれるタレス、プラトンのイデア論に数学的モデルを提供したといわれるピュタゴラス(12)たちは、イオニア地方の都市国家（ポリス）ミレトスに生まれ、また学びました。小アジア（現トルコ領）の地中海沿岸部で、ギリシア文化の発祥の地であるとともに、異文化・ペルシア帝国と接点をもつ前線基地で、「世界」に開かれた都市です。

哲学史の常識では、ソクラテス・プラトン以前のギリシア哲学をひとくくりにして「自然哲学」といいます。ソクラテスが「自然」中心から「人間」中心に転換させたなどともいわれます。

たしかに万物の元基をタレスは「水」、デモクリトスは「原子」などというのですから、「自然」を論究の中心においているように見えます。しかし彼らが中心に置いているのは「人間」（人間社会を含む）であり、人間に内在する変わらないもの、「人間の自然」です。

そして、その「自然」に適合した社会（制度）や生活（道徳）を打ち立てようとするのです。彼らは書き残さなかったので、その内容の詳細はわかりませんが、彼らの関心の中心にあったのは人文＝人間学（humanities）であり、きわめて現実主義的なマナー、どうしたらわたしたちは幸福に生きることができるのか、でした。

孔子が『論語』で説いているのも、人間の変わらない本性（自然）の発見であり、その本性にもとづいて社会（制度と運用）を、生活（道徳とマナー）を打ち建てなさいというすすめです。ただし、プラトンはギリシアの自然哲学をたんに否定したのではありません。自然哲学の基礎の上に自分の哲学を打ち建てようとしたのです。この継承関係を忘れてはいけません。プラトンの著作は奇跡的にほとんど完全な形で残っていますが、タレスたちは著作を残していないので、この継承関係が見えにくくなっているということは、留意しておかなくてはなりません。

次に、二人の出自と学んだ環境です。

プラトンは貴族の生まれで、十代の終わりにソクラテスの弟子になり、四十代に入って「アカデメイア」という名の哲学研究機関を創立します。三十年間、学生と共同生活を営みながら多くの弟子たちを養成しました。厳しい選抜を通った者だけが学ぶことのできる、知的エリートたちの教育研究機関をアカデミーと呼ぶようになったのは、プラトンの学園名に由来します。九百年存続し、プラトン哲学と著作が近代まで生き残る礎になりました。

一方、孔子は庶子として生まれ、若くして父母を亡くし、働きながら独学します。有力者の子弟の家庭教師をし、四十代に入って私塾を開き、亡くなるまでの三十年間教え続けました。ところが、孔子は五十代に祖国を去り、弟子たちとともに学びながら亡命生活を送ります。その間、塾は移動塾です。入学金（束脩《そくしゅう》）を払えば、身分に関係なく学ぶことができたのですから、けっしてエリート校ではありません。

プラトンと孔子の本業は学長・教師です。ともに徳と知にあふれた人材を育成することをめざしていました。プラトンは自分をしのぐような大学者、アリストテレスを弟子にもちますが、孔子は、知的エリートの子貢[13]や、軍事の子路[14]など、実にバラエティに富んだ弟子たちを育てました。二人の学校は、教師と学生が一体となって考えるゼミナール・対話形式であったという点でも似ています。

どうです。ほぼ同じような時期の東西に、知を愛する最初の学問「哲学」が生まれたのは、歴史の不思議としか言いようがありませんね。

3　共同体を超えて唱えられた礼とモラル

それでは、プラトンと孔子の哲学そのものについても比較・検討を加えてみましょう。

プラトンと孔子は、ともに「理想」を掲げますが、プラトンやその考えを継いだアリストテレスは、「理想」をモデルに物事を判断し、現実をチェンジしようとします。正真正銘の理想主義ですね。対して、孔子の考えは、それがどんなに正しそうに見えても、人間に共通な自然感情を無視したものをモデルにして、物事を判断したり、現実をチェンジすることに反対します。

まず、孔子の言説について少し探索してみましょう。

みなさんは、孔子の言行録である『論語』を初めて読んだとき、どんな感じを受けたでしょうか？　「古くさい平凡な説教を集めた本じゃないか」と感じた人もいるかもしれません。実は、私もそのひとりでした。「すばらしい、こんな新鮮な考えがいまから二五〇

○年前にあったなんて、奇跡じゃないか」なんて思いはしませんでした。

しかし、プラトンの『ソクラテスの弁明』(15)やアリストテレスの『形而上学』(16)を初めて読んだときは、まったく逆でした。翻訳なので、よくはわからないものの、それでも、ガツンと頭を殴られたような、知的劣等感に襲われたものです。これには参りました。

一方、「平凡な説教」と感じた孔子の言葉は、こうです。

子曰わく、学びて時に之《これ》を習う、亦説《またよろこ》ばしからずや。

子曰、学而時習之、不亦説乎。（学而篇）

あまりにも有名な『論語』冒頭の一節です。誰でも最初に読んで、軽く「そうだね！」と納得できる一文でしょう。でも「学んで、時々これを復習する。こんなうれしいことはない」を、ちょっと立ち止まって吟味すると、「軽く納得できる」ですませられないことがわかります。

そもそも「復習」はそんなに楽しく、うれしいことでしょうか。少なくとも、私には楽しくない。「時々」復習するなんて願い下げです。ましてや、基礎練習を繰り返すのは、苦痛そのものです。「予習」はしますが、「復習」なんて新鮮味がない、必要に迫られて、いやいやながらする、といったほうがいいでしょう。

でも、この冒頭の一句、正しく現代語訳すると、「学んで、時を決めてそのお復習《さら》い会をする。こんなうれしいことはない」となるのです。どうでしょう。ちょっとイマジネーションをかきたてられませんか？

年に何度か時を決めて、学生が一堂に会し、学んだことを披瀝《ひれき》し合う。そのために練習する。身が入りませんか。楽しくありませんか。しかも、孔子の塾は、各地を転々とした移動塾です。普段は顔を合わさない人たちが集まってくる。先の冒頭の文は次のように続きます。

有朋自遠方来、不亦楽乎。

朋《とも》あり、遠方より来たる、亦《また》楽しからずや。

これは、勇んで学芸会に馳せ参じたいと言っているようなものです。「学問は国境を越えて、人と人とを結びつける」などという抽象文よりはるかに、情の通う文になると思えませんか。

冒頭で「子曰わく」とあるように、これは孔子先生の言葉です。学友同士が集まってうれしいだけではなく、弟子たちが集まって学芸を競い合い、その上達ぶりを実見するのは、教師にとって至上の喜びでしょう。

この場合、学んで披瀝し合う中心は「礼」です。たんなる「知識」ではありません。礼儀といわれるように、アクションを伴う芸であり、技です。「実演」が不可欠です。たんなる学会ではなく、やはり学芸会でしょう。

いくつか先人の注釈を頼りにこの冒頭の一章に思いを巡らせば、ずいぶん違った『論語』になります。こんな解釈を、『論語』と最初に出会ったときに知っていれば、私も「平凡な説教」などとは思わなかったかもしれません。

では、洋の西側、プラトン哲学のほうはどうなのでしょう?

そもそも哲学は「プラトンで始まり、終わった」というのは理由のないことではありません。それ以降の哲学は、プラトン哲学の「注釈」にとどまったといえなくはないからです。デカルト（唯我論）やカント（純粋動機論）ばかりでなく、ヘーゲル（弁証法）やマルクス（共産制論）までプラトン哲学に「呪縛」されていると言ったのは、イギリスの哲学者、カール・ポパー(17)です。

紀元前三世紀、秦が統一帝国を築いた頃、ヨーロッパ政治・文化の中心はギリシアのアテネからローマに移り、ローマ帝国が生まれます。

ギリシアとローマとでは、同じ共和制といっても、都市国家と帝国（統一国家）の違いがあります。これは魯国と統一国家・秦の違いと同じです。そのローマにも哲学者が輩出しました。ギリシアで生きたエピクロス(18)やストア派のゼノン、(19)それにプルタルコス(20)です。ローマには、ローマ帝国の執政官になったキケロ(21)や皇帝アウレリウス(22)がいます。このうちもっともローマ的な哲学者はプルタルコスでしょう。

プルタルコスは、専門的な哲学史では、三流どころとみなされています。いわゆる「通俗哲学」の仲間です。理由は簡単で、プラトンやアリストテスが苦心して打ち立てた哲学原理や知識の体系（認識論）の探求には無関心だったからです。正確にいうと、原理論はプラトンやアリストテレスの引用ですまし、実世界や実人生で役に立つ「処世術」（worldly wisdom）を具体的に述べるのです。哲学が通俗＝大衆的（ポップ）になりました。人生相談にさえ近づいています。

哲学研究を専門とする哲学者にとってはこんな、プルタルコスのような生き方は堕落した三文哲学に他なりません。

『論語』は秦の始皇帝によって焚書《ふんしょ》に処せられます。しかし漢代には、儒教が国教となり、

『論語』は批判することの許されない聖典になり、政治体制を維持する道徳になります。(23) ローマの体制維持の道徳書とでもいうべきプルタルコスの『モラリア』(倫理論集)もローマ人にとっては体制内道徳という意味をもっていたといっていいでしょう。

しかしここからがやっかいなのです。『論語』で孔子は、家族や地域、ときには自国をさえ超えることを説きます。

子曰わく、郷原《きょうげん》は徳の賊なり。

子曰、郷原徳之賊也。(陽貨篇)

「郷」は「愛郷」の郷で、地域社会(コミュニティ)のことです。「原」はその地域で立派な人間と思われている人で、きつい言い方をすると、偽善者のことです。「共同社会で立派と思われる人こそ、徳の敵だ」というのです。しかし他方で、夫婦、家族、職場、地域、一国に通用するモラル(共同規則)がなければ、その夫婦等の関係は維持しがたくなります。

このように、プラトンや孔子は特定の共同体にしか通用しないモラル=処世術を超えることを要求しますが、けっして共同体モラルを否定するのではありません。

プラトンや孔子は、ギリシアのアテネや魯の曲阜で通用する礼やモラルを否定するわけではなく、その特定の領域にしか通用しない礼やモラルに固執して、共同体を超える礼やモラルを認めようとしない態度を否定するのです。

それに、プルタルコスはポリス国家のモラルを説いたのではなく、ポリスという共同体を超えた、ローマ帝国という普遍世界の人間（＝人類）に向かってグローバル・スタンダードのモラル、人間の生き方を説いていることを忘れてはなりません。

4 「哲学」の流転と復興

ローマ帝国がキリスト教を国教とすると、ギリシア哲学はキリスト教のなかに神学として生き残ってゆかざるをえなくなります。ここで、三人の重要人物の名前を挙げておきましょう。

一人は初期キリスト教の理論派として知られるパウロ(24)で、ユダヤ教から派生したキリストの教えを、ギリシア語でローマ人たちに教え広めた人物です。ギリシア哲学がアレテー＝徳＝の強さを特性としていたのに対し、「弱いときにこそ強い」という「弱さ」の哲学をもちこみました。プルタルコスの哲学にも通じますね。

二人目は、北アフリカは現アルジェリアの寒村から出たアウグスティヌスで[25]、異教、愛欲、懐疑に走っては、篤信に戻るという、激しい葛藤を繰り返した神父で、真なるイデアの国＝「神の国」と、偽なる現実界＝「人間の国」というプラトン的な「二世界」論を立てます。人間（わたし）は神の国へ通行不能なのですから、信の原理は「疑う、ゆえに信じる」であり、「疑う、ゆえに存在する」となります。デカルトの「考える、ゆえに存在する」の先駆けですね。

三人目は、中世ヨーロッパのトマス・アクィナスです[26]。ナポリ近くの領主の子として生まれました。当時、聖書を読めるのはごく一部の人に限られ、しかも、人間は恩寵によって以外は神の国にたどり着くことができないとされていました。この通行不能な神の国と人間の国の間に、わずかな細い通路を見出そうとしたのが、トマスでした。

プラトンとアリストテレスの哲学はつながっていますが、わずかに異なるところは、アリストテレスが生物界と人間界と精神（イデア）界に連続性を認めた点でしょう。トマスは、埋もれて忘れられたアリストテレスの著作を再発見し、人間の国と神の国に「通路」を見出そうとしたのです。これは当時の教会によって、「異端」とされましたが、すぐあとに教会の公認の教えになります。「狭き門より入れ」という考え方がここから出てきます。

十四～十六世紀にかけてイタリアを中心に文芸復興運動が起こります。この運動の意味についてはよくよく考えなければなりません。ヘレニズム＝古代ギリシア・ローマ文化を復活させようという運動で、ヨーロッパを席巻しました。もっとも重要なのは、古代ギリシア・ローマ文化と、ヨーロッパ中世文化とは、単純な意味で、陸続きではないということです。

ギリシア・ローマ文化はヨーロッパ近代文化の「源流」であり、「古典」であるといわれます。ヨーロッパの一流大学はどこでも、古典語を読めなければ、「不可」になります。日本でも、一九六〇年代までは、哲学科に進むためにはギリシア語、ラテン語を必修としました。

ところが十二～十三世紀、ヨーロッパの国々の人たちが「聖地」奪還のため「十字軍の遠征」で意気揚々と中東諸国にたどり着いたとき、激しい「カルチャーショック」に襲われます。キリスト教徒たちが忘れ去っていた古代ギリシアやローマの学問・技術が、その地に移植され、花咲いていたからです。トマスがアリストテレスの哲学を再発見できたのも、遠征から持ち帰ったアリストテレスの著作に負っていたのです。

哲学や文芸、人文学（ヒューマニティ）の「再生＝復興」にとって、もっとも象徴的だったのは、フランスのジャック・アミヨ(27)が、プルタルコスの『対比列伝』（英雄伝）を仏訳した（一五五九年）ことです。アミヨは訳本をアンリ二世に献呈し、「文芸が再生した（ルネートル)」と記します。英雄伝の英訳を材料に、シェークスピア[28]の『ジュリアス・シーザー』(一五九九年)等が生まれます。

ルネサンス運動は、ヨーロッパ近代の入り口にきて、忘れ去られていたギリシア・ローマ文化の「再生」をはかって、ヨーロッパに人間中心主義を勃興させたといわれます。しかし「ヒューマニズム」とはやっかいな言葉です。

一見して正反対の意味にとられます。ひとつは、ルソー流の「人権(主義)」で、人間なら生まれながらにもっているとされる「権利」のことです。対して、人間本性としてもとらえられ、これは、人間なら誰でももっている共通の本性(自然)のことです。

『論語』はもとよりギリシア・ローマ哲学に「人権(主義)」なるものは存在しません。「人間本性」なら存在します。ルネサンスの人間中心主義とはこの人間本性を肯定する考え方です。

やがて、収入を得るための仕事=職業(job)は、神に仕える「天職」(calling)なのだというカルバン主義が生まれます。モンテーニュ[29]の『エセー』(一五八〇年)は、人間の実感情(共通感情)に触れる考えを、ギリシア・ローマ哲学・文芸の中から縦横に引いてコメントした文字通りの人生論の傑作です。シェークスピアの諸作品も人間性のオンパレードの悲喜劇でしょう。

ところが残念ながら、哲学は、諸科学にその本領分を奪われると同時に、人生論を哲学・学（＝学校哲学）の中から通俗哲学の名のもとに切って捨て、研究者の哲学に収縮していきます。哲学は、人間本性論を基本とする孔子『論語』とも、プルタルコス『モラリア』とも、遠く離れていったのです。

5　ヒュームがとらえた「摂理」と「習慣」

そんな西欧哲学の流れ＝伝統に待ったをかけたのが、スコットランド出身の哲学者、デービッド・ヒューム[30]であり、『国富論』で知られるアダム・スミス[31]です。産業に近代革命が起きたと同じように、哲学にも近代革命が生じたのです。感覚論に根ざす経験論と道徳論の登場です。本当の意味の「通俗」＝大衆哲学が始まったわけです。

この流れを切り開いたのが「異例の哲学」といわれるオランダのスピノザ[32]です。スピノザはデカルトの哲学を批判的に引き継ぎましたが、二つの考え方に引き裂かれます。

それは、「正しい」ことのとらえ方でした。すなわち、「正しい」には二種類あって、「真」（truth）と「正」（right）がある。真は完全な認識で、理性がつかさどるのに対して、正は不完全な認識で、感性がつかさどる。

真＝完全な認識は、人間には到達不可能である。その意味で、たとえば「三角形の内角の和は一八〇度である」のように、「真」だが「抽象」で、現実界には存在しない「神」の認識で、プラトンやデカルトの観念論だというわけです。

他方、正＝不完全な認識は誤りかというと、そんなことはない。現実には存在しえない完全な「直線」や「円」の観念を使って、実際には不完全な設計図を作り、その図面にもとづいて家屋を建てても、なんの不都合も生じない。これが「人間」の認識と道徳である。

この不完全だが人間の認識と道徳に依拠したのが、ヒュームの『人間本性論』やスミスの『道徳感情論』で、感性＝感情の哲学です。

ここでは、ヒュームの『人間本性論』について解説しましょう。彼の考えを砕いていえば、こうなります。

自然には二つある。ひとつは、一般的なイメージでとらえられている「自然」です。人間も生物ですから、自然の一部であることに変わりはありません。その一方で、人間や人間社会には、自然界にはもともと存在しなかった「自然」、いってみれば「第二の自然」があります。通常は「本能」とか「本性」といわれます。いわば「人間の自然」（human nature）です。

私たちは、普段の生活では、自分の生まれ育った故郷をほとんど意識せずに生きていま す。ところが、出身校が全国ブラスバンド大会などで決勝に進むようなことになると、一気に愛郷心に火がつくのではないでしょうか。隣町の学校と勝敗を争わなければならなくなると、敵愾心《てきがいしん》が一気に燃え上がります。

「私」はたまたまAに生まれたにすぎません。それなのにA地に対する愛、偏愛と呼ぶにふさわしい感情にとらわれます。この感情を「共同の無意識」と名づけると、その性格が非常によくわかります。私（個人意識）が自由に処理できる感情ではなく、私の感情を超えた、私たち（共同）をそうせずにはおかせない動かしがたい必然の感情、自然感情、共同の無意識です。

ヒュームもスミスも、自然には人間の意思や行動ではどうすることもできない法則があるのと同じように、人間と人間社会にも法則があるといい、その法則を摂理（エコノミィ economy）と呼びます。

では自然界にはなかった人間と社会の法則はどうして生まれたのでしょう。ヒュームの考えはこうです。

同じことを繰り返し「反復」すると、もはや繰り返そうと意識しなくても、同じことを繰り返して、「習慣」になる。人間個人も、社会も同じで、習慣化し、無意識になってしまったものが、「認識」や「道徳」と呼ばれる「規範（ルール）」である。

ただし、「人間の自然＝本性」と呼ばれるにふさわしいものは、人間の歴史を貫く本性で、いうならば人間のＩＤ（アイデンティティ＝同一性）のことです。もっとも人間の本性は丸裸で存在するわけではありません。その国、その時代、その地域によってさまざまな変容を被ります。

6　蘇れ！『論語』

魯国で生まれ、各地の遍歴を経て孔子が見出した「人間本性」は、漢代に国家哲学となり、長きにわたって中国と中国人の支配道徳となります。それが日本に輸入され、仏教や神道と結びつき、例外的に、中世では吉田兼好の『徒然草』や世阿弥の『風姿花伝』など「人間本性」を見事に表出した哲学を生みました。

そして、江戸期に入ると、宋学（朱子学）の強い影響のもとに、幕藩体制を支える政治や道徳の規範になり、儒学が国家哲学となります。

しかしこれが歴史の絶妙なるところで、江戸の最盛期に当たる十七世紀末、西の島国・イギリスと同じように、東の島国・日本にも、人間本性に根ざした哲学が続々と登場するのです。代表が京の伊藤仁斎[33]や江戸の荻生徂徠[34]であり、大坂の富永仲基《なかもと》[35]や山片蟠桃《ばんとう》[36]が続き、最後に江戸の佐藤一斎[37]が締めくくります。一斎を除いてすべて朱子学に真っ向から反対しますが、ここでは仁斎の『童子問《どうじもん》』を取り上げましょう。

仁斎は、「論語に帰れ！」、孔子哲学の「本源＝本義」に戻れと言います。いくつかその主張の特長を列挙してみましょう。

〔1〕孔子は天道を説かない。人道（性＝人間本性の道）を説く。本性が動いて、欲を起こした場合、情という。「心」とは情が動くとき、少しの判断が加わるものだ。情（欲）も心（判断）も人間本性を基礎に考えるべきだ。禁欲主義は孔子に無縁である。

〔2〕「性」はそのままほうっておいたら道に近づくか。否だ。『孟子』の言うように、拡充し、存養する（心に養う）よう、教え導かなければならない。これが学問の必要な理由だが、自ら励み教え導き、自学自習こそ学問の本義だ。

『論語』は、人間本性の学問だ。貫く高尚で、人情・世情を超越し、高遠で、実行が難しいものであってはならない。およそ逆で、あらゆる人、下僕や農民にさえ共通な本性の学問である。難解、実行困難、高遠な教えは異端邪説だ。誰でも理解でき、実行も容易で、身近で変わらない教えこそ、孔子の教えで、学問は卑近《ポップ》を嫌ってはならない。

〔3〕「仁」は道の最大のもので、比較を絶して傑出している。あえて一言でいえば「愛」である。君臣に義、父子に親、夫婦に別《けじめ》、兄弟に叙《順序》、朋友に信《誠実》、これらはみな「愛」を根本とする。「仁」＝愛なければ偽装である。

〔4〕『論語』は最上至極宇宙第一の書である。しかし聖典ではない。完結体ではなく、生きた思想で、運動体である。孔子は聖人だが、人間なのだ。誤りを免れえない。

驚くべし仁斎です。『論語』は孔子の死後、二千二百五十年、仁斎や徂徠の努力によって見事に日本で蘇ったと言うべきではないでしょうか。しかも以上四点は、ぴったりヒュームの考え方に合致します。

人類史上「最初の哲学者」、孔子の人間本性論は、ギリシアの「自然哲学」と同時に発生し、西欧ではプラトンなどの観念哲学によって第二義的なものにおとしめられます。ルネサンスの「人間本性の復権」でわずかに顔を出したものの、すぐに忘れ去られ、ヨーロッパ近代の発祥地イギリスで、ヒュームやスミスによって、西欧に蘇ったと言うべきでしょう。

驚くべし論語、です。ところが、近代日本の哲学は、朱子学とともに『論語』の人間本性論をも「腐儒」＝「封建道徳」として流し去り、カントをはじめとするドイツ哲学やルソーをはじめとする人権思想を移植するのに急で、西田哲学やマルクス哲学というような、哲学研究者や一部の好事家以外には無縁で難解で空疎なものに感染し続けてきたのです。

再び、「蘇れ、『論語』！」という理由はあるのです。

注

（1）「わが日本、いにしえより今にいたるまで哲学なし」…『一年有半』（一九〇一）。中江兆民の遺著。岩波文庫所収。

（2）伊藤仁斎…講座1の注（34）を参照。

（3）荻生徂徠…講座1の注（35）を参照。

（4）デカルト…一五九六～一六五〇。フランスの哲学者・数学者。主著『方法序説』。

（5）カント…一七二四～一八〇四。ドイツの哲学者。主著『純粋理性批判』。

（6）けっして、日本と日本人に「哲学」がないわけではない…拙著『日本人の哲学Ⅰ　哲学者列伝』（言視舎二〇一二）で、五百ページ余を費やして、世界水準の日本人哲学者について述べている。
（7）タレス…BC六二四頃～五四六頃。古代ギリシアの哲学者。
（8）プラトン…講座1の注（2）を参照。
（9）アリストテレス…BC三八四～三二二。古代ギリシアの哲学者。多分野にわたって業績を残し、「万学の祖」と評される。
（10）田中美知太郎…一九〇二～一九八五。京都大学教授。西洋古典学者。
（11）プラトンは純粋に超感覚的なもの＝イデアをたてたのです…1個のリンゴは実在します。「1」も「リンゴ」も実在しません。
（12）ピュタゴラス…BC五八二～四九六。古代ギリシアの数学者・哲学者。
（13）子貢…講座1の注（19）を参照。
（14）子路…季路。講座1の注（21）を参照。
（15）『ソクラテスの弁明』…アテネの裁判所で死刑宣告を受けるソクラテスが、その弁明のために自分の哲学を語る形式をとったプラトンの著作。
（16）『形而上学』…アリストテレスの一群の論文を集録した書。
（17）カール・ポパー…一九〇二～一九九四。純粋な科学的言説の必要条件として反証可能性を提唱した。
（18）エピクロス…BC三四一～二七〇。快楽主義で知られる哲学者。
（19）ゼノン…BC三三五～二六三。アテネの柱廊（ストア）で講義を始めたことからストア派の創始者とされる。
（20）プルタルコス…四六頃～一二七。『英雄伝』で知られるローマの著述家。
（21）キケロ…BC一〇六～四三。共和制ローマ期の政治家・哲学者。

(22) アウレリウス…一二一～一八〇。第十六代ローマ皇帝。ストア派哲学を学び『自省録』を著した。
(23) しかし漢代には、儒教が国教となり、『論語』は批判することの許されない聖典になり、政治体制を維持する道徳になります…幕末から明治にかけて福沢諭吉が『腐儒』と呼んだものと似ている。
(24) パウロ…?～六四頃。多数のパウロ書簡が『新約聖書』に収録されている。キリスト教はパウロの教説だという人もいる。
(25) アウグスティヌス…三五四～四三〇。古代キリスト教の神学者・哲学者。
(26) トマス・アクィナス…一二二五頃～一二七四。キリスト教神学とアリストテレスの哲学を統合したイタリアの神学者。
(27) ジャック・アミヨ…一五一三～一五九三。フランスの人文主義者・翻訳家。
(28) シェークスピア…一五六四～一六一六。イングランドの劇作家・詩人・俳優。
(29) モンテーニュ…一五三三～一五九二。フランスの哲学者・人文主義者。
(30) デービッド・ヒューム…一七一一～一七七六。イギリスの経験論哲学を代表する歴史学者・哲学者。
(31) アダム・スミス…一七二三～一七九〇。主著『国富論』で知られるイギリスの経済学者・哲学者。
(32) スピノザ…一六三二～一六七七。主著『エティカ』で知られるオランダの哲学者。汎神論を唱えた。
(33) 伊藤仁斎…講座1の注(34)を参照。
(34) 荻生徂徠…講座1の注(35)を参照。
(35) 富永仲基…一七一五～一七四六。『出定後語』等を著し、大乗非仏説などの独創的な思想史学を唱えた。
(36) 山片蟠桃…一七四八～一八二一。地動説の支持、神話・仏説の批判など合理主義的な説を唱えた。
(37) 佐藤一斎…一七七二～一八五九。江戸時代末期の昌平黌の儒官。朱子学のほか陽明学に理解を示した。

覚えておきたい『論語』の章句50選

●学而篇

子曰《しい》わく、巧言令色《こうげんれいしょく》、鮮《すくな》し仁《じん》、と。

①子曰、巧言令色、鮮矣仁。

（先生がおっしゃいました、「口先のうまさや人当たりのよい外貌といったものには、本当の誠意は少ないんだ」と。）

曽子曰《そうしい》わく、吾日《われひ》に三《み》たび吾《わ》が身《み》を省《かえりみ》る。人《ひと》の為《ため》に謀《はか》りて忠《ちゅう》ならざるか。朋友《ほうゆう》と交《まじ》わりて信《しん》ならざるか。習《なら》わざるを伝《つた》うるか、と。

②曽子曰、吾日参省吾身。為人謀而不忠乎。与朋友交而不信乎。伝不習乎。

（曽子先生がおっしゃいました、「私は一日に三度、自分の行動を反省します。他人のために誠心誠意考えてあげることができたであろうか。同士の友と誠実に付き合うことができたであろうか」と。）

子曰《しい》わく、弟子《ていしい》入りては則《すなわ》ち孝《こう》、出《い》でては則《すなわ》ち弟《てい》、謹《つつし》みて信《しん》。汎《ひろ》く衆《しゅう》を愛《あい》して仁《じん》に親《ちか》づき、行《おこな》いて余力《よりょく》有《あ》らば、則《すなわ》ち以《もっ》て文《ぶん》を学《まな》べ、と。

③子曰、弟子入則孝、出則弟、謹而信。汎愛衆而親仁、行有余

力、則以学文。

（先生がおっしゃいました、「君たち、家庭にいる時は親を大事にしなさい。社会に出たら年長者を敬いなさい。慎み深い態度で誠実に、人々に愛情をもって接し、そして人徳のある人と親しくしなさい。そのような日常の行動にこそ力を注ぎ、余裕があった時に学問をするのだよ」と。）

子曰《しい》わく、君子《くんし》は重《おも》からざれば則《すなわ》ち威《い》あらず。学《まな》べば則《すなわ》ち固《こ》ならず。忠信《ちゅうしん》を主《しゅ》とし、己《おのれ》に如《し》かざる者《もの》を友《とも》とすること無《な》かれ。過《あやま》てば則《すなわ》ち改《あらた》むるに憚《はば》かること勿《な》かれ、と。

④子曰、君子不重則不威。学則不固。主忠信、無友不如己者。過則勿憚改。

（先生がおっしゃいました、「立派な人格者たる者は重々しくなければなりません。しかし重々しくても、きちんと学問をしていれば、頑固にならずにすみます。誠実さと信頼とを第一として、自分より劣る人達を友人としないようにしなさい。もしも自分の間違いに気づいたときは、躊躇なく改めなさい」と。）

子曰《しい》わく、君子《くんし》は食《しょく》飽《あ》くことを求《もと》むること無《な》く、居安《きょやす》きを求《もと》むること無《な》し。事《こと》に敏《びん》にして言《げん》に慎《つつし》む。有道《ゆうどう》に就《つ》きて正《ただ》す。学《がく》を好《この》むと謂《い》うべきのみ、と。

⑤子曰、君子食無求飽、居無求安。敏於事而慎於言。就有道而

正焉。可謂好学也已。

（先生がおっしゃいました、「立派な大人というものは、美味しいものをお腹いっぱい食べることを求めないし、居心地の良い住まいを求めようとも思わないのです。行動において俊敏に、しかし言葉を述べる時は慎重に、そして道を体得した人に付き従って自分の間違いを正そうとする人がいれば、その人は学問を好む者だと言ってよいでしょう」と。）

⑥子曰、不患人之不己知、患不知人也。

子曰《しい》わく、人《ひと》の己《おのれ》を知《し》らざるを患《うれ》えず、人《ひと》を知《し》らざるを患《うれ》うるなり、と。

（先生がおっしゃいました、「他人が自分のことを知らないからといって気にやまない。自分が知るべき人を知らないのではないかと心配すべきなのだ」と。）

●為政篇

⑦子曰、温故而知新、可以為師矣。

子曰《しい》わく、故《ふる》きを温《たず》ねて新《あたら》しきを知《し》らば、以《もっ》て師《し》と為《な》るべし、と。

（先生がおっしゃいました、「古い事柄を大事にしつつ、新しいことにも心を開くことのできる人は、人の師となれる」と。）

子曰《しい》わく、学《まな》びで思《おも》わざれば則《すなわ》ち罔《くら》し。思《おも》いて学《まな》ばざれば則《すなわ》ち殆《あや》うし、と。

⑧子曰、学而不思則罔。思而不学則殆。

（先生がおっしゃいました、「学問をしても、思索をしなければ道理に暗くなる。思案をしても学問をしなければ安定感に欠ける」と。）

⑨子曰、由、誨女知之乎。知之為知之、不知為不知。是知也。

子曰《しい》わく、由《ゆう》や、女《なんじ》に之《これ》を知《し》るを誨《おし》えんか。之《これ》を知《し》るを之《これ》を知《し》ると為《な》し、知《し》らざるを知《し》らずと為《な》す。是《こ》れ知《し》るなり、と。

（先生がおっしゃいました、「由よ、君に知るとはどういうことかを教えてあげよう。知っていることは知っていると、知らないことは知らないとはっきり自覚するのが知るということなのだよ」と。）

●八佾篇

⑩子曰、人而不仁、如礼何。人而不仁、如楽何。

子曰《しい》わく、人《ひと》にして仁《じん》ならずんば、礼《れい》を如何《いかん》せん。人《ひと》にして仁《じん》ならずんば、楽《がく》を如何《いかん》せん、と。

（先生がおっしゃいました、「人として生まれて仁を身に付けていなければ、礼について問題にすることはできない。人として生まれて仁を身に付けていなければ、楽について問題にすることはできない」と。）

●里仁篇

子曰《しい》わく、朝《あした》に道《みち》を聞《き》かば、夕《ゆうべ》に死《し》すとも可《か》なり、と。

⑪子曰、朝聞道、夕死可矣。

（先生がおっしゃいました、「もし朝に、人として踏むべき道について、その答えを聞くことができたら、その夕べに死んでもいい」と。）

子曰《しい》わく、利《り》に放《よ》りて行《おこな》えば、怨《うら》み多《おお》し、と。

⑫子曰、放於利而行、多怨。

（先生がおっしゃいました、「自分に利益があるかどうかで行動する人は、人から恨まれることが多くなるものだ」と。）

子曰《しい》わく、位《くらい》無《な》きことを患《うれ》えず、立《た》つ所以《ゆえん》を患《うれ》う。己《おのれ》を知《し》るもの莫《な》きを患《うれ》えず、知《し》るべきことを為《な》すを求《もと》む、と。

⑬子曰、不患無位、患所以立。不患莫己知、求為可知也。

（先生がおっしゃいました、「立派な地位がないことを気に病んではいけない。立てるべき地位の内実を持っているかどうかを心配すべきだ。人が自分のことを認めてくれないことを気に病んではいけない。認められるべき内実を持とうとしなさい」と。）

⑭子曰、君子喩於義、小人喩於利。

子曰《しい》わく、君子《くんし》は義《ぎ》に喩《さと》り、小人《しょうじん》は利《り》に喩《さと》る、と。

（先生がおっしゃいました、「立派な大人は正しいかどうかで判断するが、小人は利益があるかどうかで判断する」と。）

⑮子曰、君子欲訥於言。而敏於行。

子曰《しい》わく、君子《くんし》は言《げん》に訥《とつ》にして、行《こう》に敏《びん》ならんと欲《ほっ》す、と。

（先生がおっしゃいました、「立派な大人は、言葉は拙くても行動に迅速であろうとするものだ」と。）

⑯子游曰、事君数、斯辱矣。朋友数、斯疏矣。

子游曰《しゆうい》わく、君《きみ》に事《つか》えて数《しばしば》すれば、斯《ここ》に辱《はずかし》めらる。朋友《ほうゆう》に数《しばしば》すれば、斯《ここ》に疏《うと》んぜらる、と。

（子游が言いました、「君主に仕えて口うるさく忠告すると、却って辱めを受けます。友人に対しても忠告が過ぎれば、うるさがられて軽視されます」と。）

●公冶長篇

子曰《しい》わく、十室《じっしつ》の邑《ゆう》、必《かなら》ず忠信丘《ちゅうしんきゅう》が如《ごと》き者有《ものあ》らん。丘《きゅう》の学《がく》を好《この》むに如《し》かざるなり、と。

⑰子曰、十室之邑、必有忠信如丘者焉。不如丘之好学也。

（先生がおっしゃいました、「十軒くらいの家しかない小さな村にも、忠義や信用において私に匹敵する者はいるでしょう。ただ、そんな人たちも私の学問好きには及ばないでしょう」と。）

●雍也篇

子曰《しい》わく、人《ひと》の生《い》くるや直《ちょく》たれ。之《こ》れ罔《くら》くして生《い》くるは、幸《さいわ》いにして免《まぬか》るるのみ、と。

⑱子曰、人之生也直。罔之生也、幸而免。

（先生がおっしゃいました、「人としてこの世に生まれた以上は、真っ正直でありなさい。そうでなく生きるのは、運よく災いから逃れただけの価値のない人生だ」と。）

子曰《しい》わく、知者《ちしゃ》は水《みず》を楽《たの》しみ、仁者《じんしゃ》は山《やま》を楽《たの》しむ。知者《ちしゃ》は動《うご》き、仁者《じんしゃ》は静《しず》かなり。知者《ちしゃ》は楽《たの》しみ、仁者《じんしゃ》は寿《いのちなが》し、と。

⑲子曰、知者楽水、仁者楽山。知者動、仁者静。知者楽、仁者寿。

（先生がおっしゃいました、「知なる者は水を楽しみ、仁なる者は山を楽しむ。知者は動き、仁者は静である。知者は楽しみ、仁者は寿命を全うする」と。）

⑳子曰、君子博学於文、約之以礼、亦可以弗畔矣夫。

子《し》曰《い》わく、君子《くんし》は博《ひろ》く文《ぶん》を学《まな》び、之《これ》を約《やく》するに礼《れい》を以《もっ》てせば、亦《ま》た以《もっ》て畔《そむ》かざるべきか、と。

（先生がおっしゃいました、「りっぱな大人は、幅広く学問をし、それを礼儀に集約させる。そのような態度であれば、物事に逆らうことはなくなる」と。）

㉑子貢曰、如有博施於民、而能済衆者、何如。可謂仁乎。子曰、何事於仁。必也聖乎。堯舜其猶病諸。夫仁者、己欲立而立人、己欲達而達人。能近取譬。可謂仁之方也已。

子貢《しこう》曰《い》わく、如《も》し博《ひろ》く民《たみ》に施《ほどこ》して、能《よ》く衆《しゅう》を済《すく》う者《もの》有《あ》らば、何如《いかん》。仁《じん》と謂《い》うべきか、と。子《し》曰《い》わく、何《なん》ぞ仁《じん》を事《こと》とせん。必《かなら》ずや聖《せい》か。堯舜《ぎょうしゅん》も其《そ》れ猶《な》お諸《これ》を病《や》めるか。夫《そ》れ仁者《じんしゃ》は、己《おのれ》立《た》たんと欲《ほっ》して人《ひと》を立《た》て、己《おのれ》達《たっ》せんと欲《ほっ》して人《ひと》を達《たっ》す。能《よ》く近《ちか》く譬《たと》えを取《と》る。仁《じん》の方《みち》と謂《い》うべきのみ、と。

（子貢が尋ねました、「もし人々に広く施し、多くの民衆を救うことのできる者がいたとすれば、どうでしょう。それを仁と言っても良いでしょうか」と。先生がおっしゃいました、「それは仁ということを超えて聖と言ってもいいでしょう。堯、舜のような聖人でさえ、そうなれないことを苦にしていたのです。そもそも仁というものは、自分が立ちたい時でも人を立て、自分が手に入れたいと思っても人に手に入れさせる。他人の事を切実に感じることのできることを、仁の道だと言うのだよ」と。）

●述而篇

子《し》曰《い》わく述《の》べて作《つく》らず。信《しん》じて古《いにしえ》を好《この》む。

㉒子曰、述而不作。信而好古。

（先生がおっしゃいました。「先人の教えを継承することはあっても濫りに作り変えたりしない。いにしえの教えは信じて大切にするものだ」と。）

子《し》の燕居《えんきょ》するや、申申如《しんしんじょ》たり。夭夭如《ようようじょ》たり。

㉓子之燕居、申申如也。夭夭如也。

（先生が家でくつろいでいる時は、伸びたり縮んだり自由気ままに過ごしていた。）

子《し》曰《い》わく、疏食《そし》を飯《くら》い水《みず》を飲《の》み、肱《ひじ》を曲《ま》げて之《これ》を枕《まくら》とす。楽《たの》しみ亦《また》其《そ》の中《うち》に在《あ》り。不義《ふぎ》にして富《と》み且《か》つ貴《たっと》きは、我《われ》に於《お》いて浮雲《ふうん》の如《ごと》し、と。

㉔子曰、飯疏食飲水、曲肱而枕之。楽亦在其中矣。不義而富且貴、於我如浮雲。

（先生がおっしゃいました、「質素な食事に飲み物は水、ひじを曲げて枕にする。そんな質朴な生活の中にも楽しみはあるのだよ。正当でない方法で手に入れた富や高い位なんて、私にはまるで空の雲のようなものだ」と。）

子曰《しい》わく、三人行《さんにんおこな》えば、必《かなら》ず我《わ》が師有《しあ》り。其《そ》の善《ぜん》なる者《もの》を択《えら》びて之《これ》に従《したが》い、其《そ》の不善《ふぜん》なる者《もの》にして之《これ》を改《あらた》む、と。

㉕子曰、三人行、必有我師焉。択其善者而従之、其不善者而改之。

（先生がおっしゃいました、「三人で道を歩けば、その中に必ず自分の師とすべき者が見つかる。善なる者を選んで従い、善ではない者を選んで自分の不善を改めればよいのだ」と。）

子曰《しい》わく、蓋《けだ》し知《し》らずして之《これ》を作《つく》る者有《ものあ》らん。我《われ》は是《こ》れ無《な》きなり。多《おお》く聞《き》きて其《そ》の善《よ》き者《もの》を択《えら》びて之《これ》に従《したが》う。多《おお》く見《み》て之《これ》を識《しる》すは、知《し》るの次《つぎ》なり、と。

㉖子曰、蓋有不知而作之者。我無是也。多聞択其善者而従之。

多見而識之、知之次也。

（先生がおっしゃいました、「何も知識がないのに、新しいものを作る人がいます。私はそういう風にはしません。多くのことを聞き、その中の善いものを選んで従っているのです。多くを見て、選ぶことなく全てを記録するのは、知識を得るのに次ぐ方法です」と。）

㉗子曰、君子坦蕩蕩。小人長戚戚。

子曰《しい》わく、君子《くんし》は坦《たいら》かに蕩蕩《とうとう》たり。小人《しょうじん》は長《とこし》なえに戚戚《せきせき》たり、と。

（先生がおっしゃいました、「立派な大人は心安くゆったりとしているが、小人はいつでもこせこせしている」と。）

㉘子温而厲。威而不猛。恭而安。

子《し》は温《おだや》かにして而《しか》も厲《はげ》し。威《い》ありて而《しか》も猛《たけ》からず。恭《うやうや》しくして而《しか》も安《やす》し。

（先生は温かさの中にも厳しさがあり、威厳があっても猛々しくなく、物腰が柔らかでも浮わついていない。）

●泰伯篇

曽子《そうし》曰《い》わく、士《し》は以《もっ》て弘毅《こうき》ならざるべからず。任重《にんおも》くして道遠《みちとお》し。仁以《じんもっ》て己《おのれ》が任《にん》と為《な》す。亦重《またおも》からずや。死《し》して後《のち》已《や》む。亦《また》遠《とお》からずや、と。

㉙曾子曰、士不可以不弘毅。任重而道遠。仁以為己任。不亦重乎。死而後已。不亦遠乎。

（曾子がおっしゃいました、「男たるもの、心の広さと強さとを持っていなければならない。その使命は重く、歩むべき道は遠いのだ。仁というものを己の任務となさなければならない。それは重い使命だ。死ぬまでその使命を負い続けなければならない。それは高遠な志なのだ」と。）

子《し》曰《い》わく、詩《し》に興《おこ》り、礼《れい》に立《た》ち、楽《がく》に成《な》る。

㉚子曰、興於詩、立於礼、成於楽。

（先生がおっしゃいました。「詩によって奮い立ち、礼によって佇まいを整え、音楽によって人間性を成就させる」と。）

●子罕篇

子《し》四《し》を絶《た》つ。意《い》毋《な》く、必《ひつ》毋《な》く、固《こ》毋《な》く、我《われ》毋《な》し。

㉛子絶四。毋意、毋必、毋固、毋我。

（先生は、四つのものから完全に自由だった。それは意（思い込み）と必（断定）、固（固執）と我（自分本位）である。）

子貢《しこう》曰《い》わく、斯《ここ》に美玉《びぎょく》有《あ》り。匵《とく》に韞《おさ》めて諸《これ》を蔵《ぞう》せんか。善賈《ぜんこ》を求《もと》めて諸《これ》を沽《う》らんか。子《し》曰《い》わく、之《これ》を沽《う》らんかな、之《これ》を沽《う》らんかな。我《われ》は賈《こ》を待《ま》つ者《もの》なり、と。

㉜子貢曰、有美玉於斯。匵韞而蔵諸。求善賈而沽諸。子曰、沽之哉、沽之哉。我待賈者也。

（子貢が言いました、「ここに美しい玉があったとします。先生はこれを箱の中に入れてしまって置きますか、それとも良い商人に売ってもらいますか」と。先生がおっしゃいました、「売るとも。もちろん売るとも。売れることを私は求める」と。）

子《し》川《かわ》の上《ほとり》に在《あ》りて曰《い》わく、逝《ゆ》く者《もの》は斯《か》くの如《ごと》きか、昼夜《ちゅうや》を舎《お》かず。

㉝子在川上曰、逝者如斯夫、不舎昼夜。

（先生があるとき、川のほとりに佇んでこうおっしゃいました、「去り行くものとは、この川の流れのように、昼夜を分かたず去ってゆく」と。）

子《し》曰《い》わく、歳《とし》寒《さむ》くして、然《しか》る後《のち》に松柏《しょうはく》の後《おく》れて彫《しぼ》むを知《し》る、と。

㉞子曰、歳寒、然後知松柏之後彫也。

（先生がおっしゃいました、「寒い季節になって初めて松や柏などの樹木がなかなか枯れないことがわかるものだ」と。）

●先進篇

季康子《きこうし》問《と》う、弟子《ていし》孰《いず》れか学《がく》を好《この》むと為《な》すか、と。子《し》対《こた》えて曰《い》わく、顔回《がんかい》なる者有《ものあ》り、学《がく》を好《この》む。不幸短命《ふこうたんめい》にして死《し》せり。今《いま》や則《すなわ》ち亡《な》し、と。

㉟季康子問、弟子孰為好学。子対曰、有顔回者。好学。不幸短命死矣。今也則亡。

（季康子が尋ねました、「先生の弟子の中で学問を好む者といえば誰ですか」と。先生が答えておっしゃいました、「顔回という者がおりました。学問を好みました。不幸なことに短命で死にました。今はもうおりません」と。）

●顔淵篇

子曰《しい》わく、君子《くんし》博《ひろ》く文《ぶん》を学《まな》びて、之《これ》を約《やく》するに礼《れい》を以《もっ》てせば、亦以《またもっ》て畔《そむ》かざるべきか、と。

㊱子曰、君子博学於文、約之以礼、亦可以弗畔矣夫。

（先生がおっしゃいました、「立派な大人というものは、広く学問をするだけでなく、それを礼という軌範で集約する。そうすれば、大きな間違いを起こさずにすむものだ」と。）

●子路篇

子曰《しい》わく、其《そ》の身正《みただ》しければ、令《れい》せざれども行《おこな》わる。其《そ》の身正《みただ》しからざれば、令《れい》すと雖《いえど》も従《したが》わず、と。

㊲子曰、其身正、不令而行。其身不正、雖令不従。

（先生がおっしゃいました、「正しい行いをする人は、命令しなくても人々はついてくる。正しい行いができない人は、命令しても人はついてこない」と。）

樊遅仁《はんちじん》を問《と》う。子曰《しい》わく、居処《きょしょ》は恭《きょう》、事《こと》を執《と》りて敬《けい》、人《ひと》と与《まじ》わりて忠《ちゅう》なれ。夷狄《いてき》に之《ゆ》くと雖《いえど》も、棄《す》つべからず、と。

㊳樊遅問仁。子曰、居処恭、執事敬、与人忠。雖之夷狄、不可棄也。

（樊遅が仁について尋ねました。先生がおっしゃいました、「家で寛いでいる時は恭しく、仕事をするときには敬意をもって、人と交わるときは忠実に。この恭、敬、忠の三つは未文化の土地に行ったとしても、捨ててはいけないのだ」と。）

子曰《しい》わく、君子《くんし》は和《わ》して同《どう》ぜず、小人《しょうじん》は同《どう》じて和《わ》せず、と。

㊴子曰、君子和而不同、小人同而不和。

（先生がおっしゃいました、「君子は調和はするけれど徒党は組まない。小人は徒党を組むばかりで本当の調和はしない」と。）

●憲問篇

㊵子曰、君子而不仁者有矣夫。未有小人而仁者也。

子曰《しい》わく、君子《くんし》にして不仁《ふじん》なる者有《ものあ》らんか。未《いま》だ小人《しょうじん》にして仁《じん》なる者有《ものあ》らざるなり、と。

（先生がおっしゃいました、「立派な大人で仁ではない者がいるが、しかし小人で仁なるものがいたためしがない」と。）

㊶子曰、君子道者三。我無能焉。仁者不憂。知者不惑。勇者不懼。子貢曰、夫子自道也。

子曰《しい》わく、君子《くんし》の道《みち》なる者三《ものみっ》つ。我能《われよ》くすること無《な》し。仁者《じんしゃ》は憂《うれ》えず。知者《ちしゃ》は惑《まど》わず。勇者《ゆうしゃ》は懼《おそ》れず、と。子貢曰《しこうい》わく、夫子《ふうし》自《みずか》ら道《い》うなり、と。

（先生がおっしゃいました、「君子たるものの道には三つあるのです。私はまだそれを十分に行い得てはいません。それは、仁なる者は憂うることはなく、知なる者は惑うことはなく、勇なる者は恐れることはない、という三つです」と。弟子の子貢が言いました、「先生は自分で自分のことをおっしゃったのだ」と。）

●衛霊公篇

子張《しちょう》行《おこな》われんことを問《と》う。子曰《しい》わく、言《げん》は忠信《ちゅうしん》、行《こう》は篤敬《とくけい》なれば、蛮貊《ばんばく》の邦《くに》と雖《いえど》も行《おこな》われん。言《げん》の忠信《ちゅうしん》ならず、行《こう》の篤敬《とくけい》ならざれば、州里《しゅうり》と雖《いえど》も行《おこな》われんや。立《た》てば則《すなわ》ち其《そ》の前《まえ》に参《さん》なるを見《み》るなり。輿《よ》に在《あ》れば則《すなわ》ち其《そ》の衡《こう》に倚《よ》るを見《み》るなり。夫《そ》れ然《しか》して後《のち》に行《おこな》われん、と。子張《ちしょう》諸《これ》を紳《しん》に書《しょ》す。

㊷子張問行。子曰、言忠信、行篤敬、雖蛮貊之邦行矣。言不忠信、行不篤敬、雖州里行乎哉。立則見其参於前也。在輿則見其倚於衡也。夫然後行。子張書諸紳。

（子張が「行われる」とはどういうことか尋ねました。先生がおっしゃいました、「言葉に真心と信頼があり、行動に誠実さと篤実さがあれば、蛮族の国でも行われる。言葉に真心と信頼がなく、行動に誠実さと篤実さがなければ、村や町でも行われない。立っている時はその信頼と誠実さとが目の前に、車に乗っていればその信頼と誠実さとが横木に依りかかっているように、存在そのものが信頼と誠実とに一体化するときはじめて、行われる、ということだね」と。子張はこの言葉を帯の端に書き留めた。）

㊸子曰、躬自厚、而薄責於人、則遠怨矣。

子曰《しい》わく、躬《み》自《みずか》ら厚《あつ》くして、薄《うす》く人《ひと》を責《せ》むれば、則《すなわ》ち怨《うら》みに遠《とお》ざかる、と。

（先生がおっしゃいました、「自分自身に多くの責任を求め、他人には責任を押し付けない、そんな人は恨まれることはないだろう」と。）

子曰《しい》わく、君子《くんし》は諸《これ》を己《おのれ》に求《もと》め、小人《しょうじん》は諸《これ》を人《ひと》に求《もと》む、と。

㊹子曰、君子求諸己、小人求諸人。

（先生がおっしゃいました、「立派な大人は、物事の良し悪しの責任を自分に帰する。つまらない人間は、それを他人のせいにする」と。）

㊺子曰、人能弘道。非道弘人。

子曰《しい》わく、人《ひと》能《よ》く道《みち》を弘《ひろ》む。道人《みちひと》を弘《ひろ》むるに非《あら》ず、と。

（先生がおっしゃいました、「人間こそが道を広めるのだ。道が人を広めるのではない」と。）

●陽貨篇

子武城《しぶじょう》に之《ゆ》きて、絃歌《げんか》の声《こえ》を聞《き》く。夫子莞爾《ふうしかんじ》として笑《わら》いて曰《い》わく、鶏《にわとり》を割《さ》くに焉《いずく》んぞ牛刀《ぎゅうとう》を用《もち》いん、と。子游対《しゆうこた》えて曰《い》わく、昔者偃《むかしえん》や、諸《これ》を夫子《ふうし》に聞《き》けり、と。曰《い》わく、君子《くんし》道《みち》を学《まな》べば則《すなわ》ち人《ひと》を愛《あい》し、小人道《しょうじんみち》を学《まな》べば則《すなわ》ち使《つか》い易《やす》し、と。子曰《しい》わく、二三子《にさんし》よ、偃《えん》の言《ことば》是《ぜ》なり。前言《ぜんげん》は之《これ》に戯《たわむ》れしのみ、と。

㊻子之武城、聞弦歌之声。夫子莞爾而笑曰、割雞焉用牛刀。子游対曰、昔者偃也、聞諸夫子。曰、君子学道則愛人、小人学道則易使也。子曰、二三子、偃之言是也。前言戯之耳。

（孔子先生が弟子たちと武城の町に行くと、琴の音とそれに合わせて歌う声が聞こえてきました。先生はにっこりと笑っておっしゃいました、「鶏を料理するのにどうして牛刀を使うのかな」と。すると子游が答えて言いました、「昔、私は先生から聞きました。君子が道を学べば人を大切にすることができるし、民が道を学べば彼らを使いやすくなる」と。先生はおっしゃいました、「弟子たちよ。子路の言葉が正しい。さっきの私の言葉は冗談だ」と。）

子張《しちょう》仁《じん》を孔子《こうし》に問《と》う。孔子《こうし》曰《い》わく、能《よ》く五《いつ》つの者《もの》を天下《てんか》に行《おこな》うを仁《じん》と為《な》す、と。請《こ》う之《これ》を問《と》わん。曰《い》わく、恭《きょう》・寛《かん》・信《しん》・敏《びん》・恵《けい》なり。恭《きょう》なれば則《すなわ》ち侮《あなど》られず、寛《かん》なれば則《すなわ》ち衆《しゅう》を得《え》、信《しん》なれば則《すなわ》ち人任《ひとにん》じ、敏《びん》なれば則《すなわ》ち功有《こうあ》り、恵《けい》なれば則《すなわ》ち以《もっ》て人《ひと》を使《つか》うに足《た》る、と。

㊼子張問仁於孔子。孔子曰、能行五者於天下為仁矣。請問之。曰、恭寛信敏恵。恭則不侮、寛則得衆、信則人任焉、敏則有功、恵則足以使人。

（子張が先生に仁について尋ねました。先生がおっしゃいました、「五つのことを天下中に行うことのできることだよ」と。子張がそれは何ですかと尋ねました。先生がこうおっしゃいました、「それは、恭、寛、信、敏、恵の五つです。恭であれば侮られないし、寛であれば人々から信頼されます。信であれば人が任せてくれるし、敏であれば功績を得られる。恵であれば人々はついてきます」と。）

子曰《しい》わく、由《ゆう》や、女《なんじ》六言《りくげん》の六蔽《りくへい》を聞《き》けるか、と。対《こた》えて曰《い》わく、未《いま》だし、と。居《お》れ、吾《われ》女《なんじ》に語《つ》げん。仁《じん》を好《この》みて学《がく》を好《この》まざれば、其《そ》の蔽《へい》や愚《ぐ》。知《ち》を好《この》みて学《がく》を好《この》まざれば、其《そ》の蔽《へい》や蕩《とう》。信《しん》を好《この》みて学《がく》を好《この》まざれば、其《そ》の蔽《へい》や賊《ぞく》。直《ちょく》を好《この》みて学《がく》を好《この》まざれば、其《そ》の蔽《へい》や絞《こう》。勇《ゆう》を好《この》みて学《がく》を好《この》まざれば、其《そ》の蔽《へい》や乱《らん》。剛《ごう》を好《この》みて学《がく》を好《この》まざれば、其《そ》の蔽《へい》や狂《きょう》、と。

㊽子曰、由也、女聞六言六蔽矣乎。対曰、未也。居、吾語女。好仁不好学、其蔽也愚。好知不好学、其蔽也蕩。好信不好学、其蔽也賊。好直不好学、其蔽也絞。好勇不好学、其蔽也乱。好剛不好学、其蔽也狂。

（先生がおっしゃいました、「子路よ、君は六つの言葉の持つ六つの弊害について聞いたことがあるかね」と。子路は答えました、「いいえ」と。先生はおっしゃいました、「そこに座りなさい。私が君に語ってあげよう。思いやりを好んでも、学問を好まないと、その弊害は愚かしさになる。知識を好んでも学問を好まないと、その弊害は収拾がつかないことになる。信義を好んでも学問を好まないと、その弊害はヤクザなことになってしまう。真っ正直なことを好んでも、学問を好まないと、その弊害は融通の利かない窮屈なことになってしまう。勇気あることを好んでも、学問を好まないと、その弊害は無秩序になってしまう。剛直なことを好んでも、学問を好まないと、その弊害は真っ当でないことになってしまう」と。）

●微子編

子夏《しかい》曰わく、君子《くんし》に三変《さんぺん》有《あ》り。之《これ》を望《のぞ》めば儼然《げんぜん》たり。之《これ》に即《つ》けば温《おん》なり。其《そ》の言《げん》を聴《き》けば厲《はげ》し、と。

㊾子夏曰、君子有三変。望之儼然。即之也温。聴其言也厲。

（子夏が言いました、「君子には、三つ変化があります。遠くから見ると、威厳に満ちていて、近くによると温かく、そしてその言葉を聞くと、厳しさがある」と。）

子夏《しかい》曰わく、仕《つか》えて優《ゆう》なれば則《すなわ》ち学《まな》ぶ。学《まな》びて優《ゆう》なれば則《すなわ》ち仕《つか》う、と。

㊿子夏曰、仕而優則学。学而優則仕。

（子夏が言いました、「仕官して余裕があれば学問をしなさい。学問をして余裕があれば仕官をしなさい」と。）

あとがき

本書は、旧版『生きる力がわく「論語の授業」』（朝日新聞出版 二〇一三年一一月）の新装版である。この旧版は、二松學舍大学文学部中国文学科が成立学園中学・高等学校で行った「論語」に関する連続講座を基にして、講義形式の『論語』入門書としてまとめられた。成立学園の創設者が二松學舍のご出身だという縁で、以来、教育に関する相互交流が本学と続くことになった。また、最初の出版である旧版に関しては、エディ・ワンの故浦野敏裕さんにとてもお世話になったことも、ここに感謝の気持ちを込めて記して置きたい。この旧版は、二松學舍大学文学部の一年生の講義でテキストとして使うことにもなった。教室の新入生たちは、この書を手にすることで、時を超えて漢学塾二松學舍と出会うことになる。そしてまた、各章を担当した二松學舍大学の先生たちも、学生と向き合うことで、時を超えて漢学塾二松學舍の一員となる。古典を通して、漢学塾から大学へと展開した学び舎での教育という営為は、こうして百四十年も続いているのだ。

こうしたいわば漢学塾の教養文化を広くお伝えしたいとの気持ちで、この書はかつて編集されたのであった。そして、『「論語の学校」時習編』が研文社から刊行されるのを機に、旧版も『「論語の学校」入門編―やさしく読み解く論語の授業―』として同じ研文社から新装版として刊行していただくことになった。新装版としては、幾つかの表現の訂正のみではあるが、読者の学習の利便性に配慮して、巻末に『論語』の章句50選を加えた。本書が、『論語』そして漢学塾の教養文化と出会うきっかけになることを願い、新装版のあとがきとしたい。

最後に、ご協力いただいた執筆者のかたがたに感謝申し上げます。

二〇一八年二月五日

江藤茂博

をめぐって―」(『日本中国学会報』62、2010) など。

講座5担当　**町泉寿郎**(まち・せんじゅろう)

石川県出身。二松學舍大学文学部中国文学科卒業。二松學舍大学大学院文学研究科博士課程国文学専攻修了。博士(文学)。北里研究所医史学研究部研究員を経て、現在、二松學舍大学文学部教授。専門は日本漢学史・日本医学史。共著に、『三島中洲の学芸とその生涯』(雄山閣出版　1999)、『五十二病方』(東方書店　2007)、『近代日中関係史人名辞典』(東京堂出版　2010)、『清原宣賢漢籍抄翻印叢刊1　大学聴塵』(汲古書院　2010)、『渋沢栄一は漢学とどう関わったか』(編著)(ミネルヴァ書房　2017) などがある。

講座6担当　**高山節也**(たかやま・せつや)

東京都出身。國學院大学文学部漢文学科卒業。東京大学大学院人文科学研究科博士課程満期退学(中国哲学専攻)。佐賀大学教育学部を経て、現在二松學舍大学文学部名誉教授。専門は漢籍書誌学。主な著書に、『松丸東魚蒐集印譜解題』(二玄社　2009)、共著に、『西周青銅器とその国家』(東京大学出版会　1980)、『論集　中国古代の文字と文化』(汲古書院　1999)

講座7担当　**鷲田小彌太**(わしだ・こやた)

北海道出身。大阪大学文学部哲学科卒業。同大学院文学研究科哲学・哲学史専攻博士課程修了。三重短期大学教授を経て、札幌大学教授。2012年同大学退任。哲学者・評論家。専門は、哲学、倫理学。著書は、『ヘーゲル「法哲学研究」序論』(新泉社　1975)、『天皇論』(三一書房　1989)、『現代思想』(潮出版社　1996)、『倫理がわかる事典』(日本実業出版社　2000)、『反哲学・入門編』(彩流社　2009)、『父は息子とどう向き合うか』(ＰＨＰ研究所　2013)、『日本人の哲学』１～５(言視舍　2012～15)、『死ぬ力』(講談社新書　2016) など、200冊以上。

著者紹介

講座１担当　**江藤茂博**（えとう・しげひろ）

長崎県出身。武蔵大学人文学部社会学科卒業。立教大学大学院文学研究科博士課程後期満期退学。博士（文学）。十文字学園女子大学教授を経て、二松學舍大学文学部教授。専門は、文芸・映像・メディア論。主な著書に、『「時をかける少女」たち―小説から映像への変奏』（彩流社　2002)、共編著に、『大学生のための文学レッスン近代編』（三省堂　2011)、『メディア文化論』（ナカニシヤ出版　2013)、『横溝正史研究１～５』（戎光祥出版　2009～)、『ショッピングモールと地域社会』（ナカニシヤ出版　2017）など。

講座２担当　**牧角悦子**（まきすみ・えつこ）

福岡県出身。九州大学文学部中国文学科卒業。同大学院文学研究科中国文学専攻修了。文学博士（京都大学)。九州大学文学部助手を経て、二松學舍大学に着任。同大学文学部中国文学科教授。専門は中国古典文学、中でも詩経・楚辞・文選など。主な著書に、『中国古代の祭祀と文学』（創文社　2006)、『列女伝―伝説になった女性たち』（明治書院　2001)、『詩経・楚辞』（角川学芸出版　2012）など。

講座３担当　**中根公雄**（なかね・きみお）

茨城県出身。二松學舍大学文学部中国文学科卒業。同大学院文学研究科中国学博士後期課程満期退学。同大学院研究生を経て、二松學舍大学文学部非常勤講師。専門は、中国近世思想史（朱子学・陽明学)。主な論文に、「銭緒山にみる陽明思想の受容」「儒学思想の倫理とその価値―『大学』の誠意を中心に―」「『中庸』の不睹不聞の解釈」「『論語』後生可畏章の解釈」など。共編著に、『100の古典・100のことば』（未来塾　2004）など。

講座４担当　**久米晋平**（くめ・しんぺい）

長野県出身。二松學舍大学文学部中国文学科卒業。二松學舍大学大学院文学研究科博士後期課程満期退学。二松學舍大学日本漢文教育研究プログラム研究員を経て、二松學舍大学文学部中国文学科非常勤助手。現在は、千葉大学及び大東文化大学文学部非常勤講師。専門は、中国近世思想史研究（朱子学。陽明学)。共著に『清原宣賢漢籍抄翻印叢刊１　大学聴塵』（汲古書院　2011)、専門論文に「李二曲の「反身買踐」思想―その四書解釋

『論語の学校』入門編―やさしく読み解く論語の授業―

2022年４月10日初版第２刷発行

著　者　江藤茂博・牧角悦子・中根公雄・久米晋平
　　　　町泉寿郎・高山節也・鷲田小彌太
発行者　中井　陽
発行所　株式会社　研文社
　　　　〒150-0012
　　　　東京都渋谷区広尾３－６－２
　　　　電話03（5615）8086
印刷所　富士リプロ株式会社
製本所　有限会社協美製本

Printed in Japan　ISBN978-4-9910094-1-9
定価はカバーに表示してあります。